# SPASS UND SPANNUNG

*a beginning graded German reader*

## GERARD F. SCHMIDT
*State University of New York at Binghamton*

Macmillan Publishing Co., Inc.
*New York*
Collier Macmillan Publishers
*London*

Macmillan Publishing Co., Inc.
866 Third Avenue, New York, New York 10022

Collier Macmillan Canada, Ltd.

Library of Congress Catalog Card Number: 78-19534

ISBN 0-02-40769-0-2

Printing Number: 1 2 3 4 5 6 7 8 9 10

Printed in the United States of America

*Acknowledgments*
The author wishes to express appreciation for permission to adapt the plots
of copyrighted short stories as follows:
*Der Alte,* adapted from "The Old Man" by Holloway Horn, with permission of
Christy Moore, Ltd., London
*Herrn Meierbachs Fehler,* adapted from "Death in the Kitchen" by
Milward R. K. Burge, with permission of the author

Cover by Marc Phelan
Interior design by Joan Greenfield

# James M. Hawkes

Dem Lehrer,
der mich lehren
lehrte

# Contents

# *Preface*

Learning a foreign language is serious work, but it can be an enjoyable experience. There is satisfaction in understanding what is said in another language; excitement when we begin to speak ourselves and find we are understood; pleasure when we are ready to write, however simply; and enjoyment when we start to read for fun—not translating word by word, but reading freely and quickly. The ability to read may be the easiest of the four skills; yet, it must be learned and practiced because only then will we reach the point when we are no longer aware that we are reading in a foreign language.

This Reader is designed to supplement basic language texts, which are generally restricted to presenting the essential elements of grammar and vocabulary. Although they may introduce students to contemporary German life, social customs, even German history and literature, textbooks cannot, without bursting their seams, provide enough reading matter; hence, the need for a companion Reader.

Although students should of course be made aware of the life and culture of the people whose language they have elected to learn, it would be difficult to hold their attention for an extended time with cultural readings. Unquestionably, the most effective way to keep students interested is to give them what has always kept people listening and reading: well-told suspenseful tales. The stories in this book, straight narratives, have been selected for their intrinsic interest and readability, sufficient, it is hoped, to make students *want* to continue reading. They are taken from the author's audiolingual reader *Hör gut zu!*— where they have proved and maintained their appeal since their publication in 1964. In this Reader they appear in a slightly modified and expanded form, expanded because of the advisability to include J. Alan Pfeffer's high-frequency vocabulary. The stories' relative length (compared to the average *Lesestück*) is planned for proper suspense building and for the unforced introduction of new vocabulary as well as the repeated use of words, idioms, and sentence patterns. It goes without saying that in reading the stories, students will also become familiar with applied German grammar and sentence structure.

The Reader is graded and the vocabulary carefully controlled. Because facing-page vocabularies are not repeated in successive stories, it is inadvisable to skip or read stories out of sequence. All but about

165 entries are basic words, with the most basic vocabulary appearing in the first few stories. Keeping pace with the average textbook, the grammatical progression is well defined; present tense in Stories 1 to 4, simple past tense of weak, irregular, and strong verbs in Stories 5 and 6, and compound tenses in Stories 7 and 8. The increase in syntactical difficulty is likewise gradual. The subjunctive and the passive voice are not treated here; they will be introduced in a projected sequel to this Reader.

The pleasure of reading for fun should not be postponed beyond about the fourth week of instruction when students have the declension of nouns (minus the genitive, perhaps) and the conjugation of the present tense behind them and are familiar with personal pronouns, basic prepositions, and possessives. A class that meets four or five days a week thus could cover all eight stories in one semester if assigned a chapter a day—with periodic breaks for reading-comprehension tests (see below). However, speed is neither essential nor advisable if the instructor wishes to synchronize the grammatical progression in the students' textbook with that of the Reader. Much will depend on the availability of class time, the number of weekly meetings, and the use of the book's "Übungen." It should be noted that the Reader has been designed to take up only a minor portion of a class hour—perhaps no class time at all if the optional "Übungen" are not included in the assignments. Even so, the instructor may wish to ascertain periodically, through reading-comprehension tests, to which extent his or her students have developed their reading ability. The following paragraphs describe the various features of the Reader.

*Grammatical Notes.* The Notes are not meant to be exhaustive. Their purpose is to save valuable class time by obviating much explanation by the instructor if a particular grammatical feature should be introduced in the Reader before its formal presentation in the students' textbook. If the textbook should anticipate a grammatical discussion in the Reader, the Notes will serve to reinforce a previously acquired knowledge. *Doppelt hält besser,* as we all know. Grammatical items that do not affect the *comprehension* of a text are not touched upon in the Notes. Thus, the explanation of adjective endings, which are important for correct speaking and writing but hardly pose any obstacles to reading, is left to the students' textbook.

*Vocabulary.* The Reader's vocabulary burden is normal for a first-year book and quite manageable, considering that many entries are easy cognates or immediately recognizable "international" words; many words also will be duplicated in the textbook.

To permit the students to concentrate on *reading* without wasting time looking up new words in the back, their meaning is supplied in the prereading word lists or in the facing-page vocabularies at the words' first appearance.

The vocabulary in the Reader may be said to embody the best of two possible vocabulary worlds—that is, it is based on today's spoken language on the one hand, and on the academic language on the other. Now that conversational practice has come into its own in the classrooms, no author of a first-year textbook or Reader can afford to ignore J. Alan Pfeffer's *Grunddeutsch. Basic (Spoken) German Dictionary for Everyday Usage. Grundstufe,* with its vocabulary of about 1,300 double-starred high-frequency words. However, since the Reader is also meant to prepare students for the reading of *literature,* Charles M. Purin's *A Standard German Vocabulary of 2932 Words and 1500 Idioms,* the still useful standard-frequency word list based on the *printed* word, must be included here. The 500 most frequently used words are marked there with a double asterisk, the next 467 with a single asterisk. Of the 812 starred Purin words that appear in the Reader, 218 are not duplicated by Pfeffer's double-starred entries—illustrating the difference between the spoken and printed language.[1] This Reader, together with the projected sequel, will have utilized all of Purin's double-starred words at least five times, all single-starred entries at least three times, and all of Pfeffer's two-starred entries not listed in Purin.

*Übungen.* The use of the "Übungen" is not essential for the Reader's primary aim: the development of the ability to read for content. They are, however, important and believed to be especially useful because they

[1] To combine the two frequency-count vocabularies actually has proved necessary. Whereas one may wonder how some of Pfeffer's entries came to be decorated with two stars (for example, *Ampel, Amsel, Forelle, Hecht, Karpfen, Leichtathletik*), even more surprising is the rather large number of often-used important words not included in his list—all of them carrying one or two stars in Purin (such as *begegnen, beginnen, böse, Doktor, doppelt, Eis, erlauben, Fehler, fort, Frühling, fürchten, grüßen, indem, Kirche, kühl, meinen, nachdem, Not, Nummer, öffnen, statt, trotz, Vergnügen, verlassen, versprechen*). Their absence in the reading selections would have made it difficult to lay claim to a well-balanced basic vocabulary. But also Purin's list is not without entries whose stars cause eyebrows to rise in wonderment. It seems that all high-frequency word counts must be approached with reservations. A judicious combination of two, even more, frequency word lists is perhaps the best solution, not so much for the questionable entries one list may include as for what it may leave out.

offer an opportunity for students to acquire skills the average textbook cannot provide. Divided into three sections, they have a threefold purpose.

*Section A, "Fragen zum Text,"* is meant to promote spoken and written communication based on *concrete* situations in connected narratives. In contrast to the customary *conversational* exercises in the average textook, this exercise allows students to mold the question and its vocabulary within a known context into their answer. Both "pure" conversation and narrative "reporting" have their place in language study.

*Section B, "Wortbildung,"* familiarizes students with German word formation by means of systematic presentations, thus widening their vocabulary range. This section, by far the most extensive because of the many examples, can be done by students at home and should make little claim on class time. As it will effectively supplement the basic textbook, which cannot do justice to this important aspect of language learning, it is advisable not to neglect this section.

*Section C, "Syntaktische Übungen,"* introduces students gradually to increasingly complex sentence structure. It is the most optional section as it is primarily designed for students who may go on with their German studies beyond the first year. It also would be the section where the instructor's help is most likely needed and where he or she will want to verify the results of the students' efforts. It should be stressed here that classroom experience has shown that the intentionally involved sentences in the later exercises are far less difficult than they appear to be at first glance because they are based in each case on the preceding story. The students thus are familiar with context and vocabulary and are left to grapple with only the sentences' structural complexity. (Any teacher who remembers Kleist's *Michael Kohlhaas* or any of his other novellas, Hebbel's prose style, or just the first sentence of Thomas Mann's *Doktor Faustus*—not to mention scientific writings—will agree that students who aspire to read undoctored German must be initiated into finding their way in and out of structural labyrinths the German language will lay in their path. Least effective would be to give them involved structural material in an unfamiliar context and with partially unknown vocabulary; a hurdle they would be unlikely to pass.)

TESTS

To measure the students' progress, the instructor may devise his or her own reading-comprehension tests—a major chore because it involves finding or making up a suitable text and controlling its grammar, syntax, and vocabulary. The instructor may therefore wish to take advantage of existing tests available from the publisher in a Teacher's Manual. The tests consist of four stories, different in content from those in the Reader, but containing only words, idioms, and grammatical features that have appeared in the preceding stories; no word is used the students have not encountered at least twice before. To ascertain the degree of comprehension of the stories, the texts are accompanied by appropriate test questions. The tests are designed to be given after the students have finished Stories 2, 4, 6, and 8. Their administration and a suggested grading method are discussed in the manual. The four two-page tests will be followed by a longer sample Final Reading Comprehension Examination.

TO THE STUDENT[2]

1. Please read the preceding Preface. It describes the Reader's purpose and organization..
2. The book's primary goal is to develop your ability to read easily and quickly for content and enjoyment.
3. Therefore, READ, that is, do not *translate* because you will never reach the Reader's goal and yours by doing word-by-word and sentence-after-sentence translation.
4. To read for content, do not waste time and slow yourself down by looking up words you may well be able to *guess*; therefore, do not check the meaning of a word in the facing-page vocabulary or the end vocabulary until you have read the *context* in which it appears. Read the entire sentence, the whole paragraph, perhaps more at a later stage. Then, by intelligent guessing, try to figure out what the unknown word must mean or should mean. You will be surprised—and derive much satisfaction—at how many accurate guesses you have made when you check the meanings later.
5. Of course, there will be words you cannot guess. If they are new words, they are glossed in the facing-page vocabulary or in the prereading lists of basic words. If they are words you have forgotten, which is not unnatural, you should look them up in the back. When you do, do the following: place a *dot* in front of the word. Add *another dot* if you have to look up the same word a second time, and so on. You will thus make

[2] I am indebted for much of this advice to William G. Moulton's four-page leaflet "Study Hints for Language Students."

a collection of your own "nuisance" words; their dotted markings will make it possible and easy for you to single them out at any time and learn them.

6. When you look up a word in the end vocabulary, do not write its English meaning over the German word in the text. If you do, you will always see the written-in translation first when rereading the passage— and perhaps never the German word that you are trying to learn in the first place! Therefore, in the text, just *underline* or "highlight" the German word to remind you that you looked it up, and write its meaning either in the margin or into the facing-page vocabulary. If you wish, you may use instead a separate notebook, in which case you should mark the page and line number of the text.

7. After you are done with a paragraph, page, or chapter, reread what you just finished while it is still fresh in your memory.

8. Reread the "old" stories as often as you can. You will be surprised with what speed and ease you can do it.

9. You will notice that every third line of the reading selections has been numbered instead of the traditional fifth, tenth, fifteenth line. Numbering every third line eliminates any error in counting and locating a desired line: the object of one's search will be either in the numbered line or just *one* line above or below it.

My thanks go to the many students who have helped test much of this material and have reacted favorably to various features—above all, to the stories. I am also grateful to Elaine Goldman and John N. K. Young, of Macmillan Publishing Co., Inc., for their advice and critical suggestions, and for a most cordial relationship. To Mr. Marshall Glasier, of New York City, I am indebted for his original drawings. And a goodly portion of my gratitude must go to my wife for her understanding and patience during the many weeks I was more interested in this book than in her.

GFS

# 1. Die Wette

# Notes

*Familiar forms   Modal auxiliaries   Infinitive placement
Inversion   Simple dependent clauses
Prepositional contractions   Emphasis*

## I. FAMILIAR FORMS

**A.** Your textbook may not yet have discussed the way in which a German addresses someone with whom he is on particularly informal or intimate terms.

1. The grammatical form used for this purpose is the second person singular with the pronoun **du**. The verb ending of the second person singular, added to the stem, is -st:

   **geh-en, du gehst**
   **mach-en, du machst**
   **tu-n, du tust**

2. The ending is -est, however, when the verb stem ends in a **d, t,** or a consonant (except **l, m, n, r**) followed by **m** or **n**.

   | | | |
   |---|---|---|
   | **arbeit-en** | to work | **du arbeitest** |
   | **wett-en** | to bet | **du wettest** |
   | **wart-en** | to wait | **du wartest** |
   | **find-en** | to find | **du findest** |
   | **öffn-en** | to open | **du öffnest** |
   | **atm-en** | to breathe | **du atmest** |

   But:

   | | | |
   |---|---|---|
   | **klingel-n** | to ring | **du klingelst** |
   | **renn-en** | to run | **du rennst** |
   | **wärm-en** | to warm | **du wärmst** |
   | **komm-en** | to come | **du kommst** |
   | **lern-en** | to learn | **du lernst** |
   | **film-en** | to film | **du filmst** |

   The above rule applies also to the third person singular and the second person plural of such verbs:

   **er, sie, es arbeitet; ihr arbeitet   er wettet; ihr wettet**   etc.

3. The s in the -st ending is dropped when the stem of the verb ends in an s or an s-like sound (s, ss, ß, tz, x, z):

| | | |
|---|---|---|
| reis-en | to travel | du reist |
| grüß-en | to greet | du grüßt |
| fass-en | to seize | du faßt |
| sitz-en | to sit | du sitzt |
| etc. | | |

4. With verbs whose stem vowels change in the third person singular of the present tense, the vowel change appears also in the second person singular:

ich sehe, du siehst, er sieht (sehen   to see)
ich verspreche, du versprichst, er verspricht (versprechen to promise)
ich nehme, du nimmst, er nimmt (nehmen   to take)
ich lasse, du läßt, er läßt (lassen   to let)
ich laufe, du läufst, er läuft (laufen   to run)

5. The conjugation of the following verbs is irregular in the singular:

| sein | haben | werden (to become) | wissen (to know) |
|---|---|---|---|
| ich bin | ich habe | ich werde | ich weiß |
| du bist | du hast | du wirst | du weißt |
| er ist | er hat | er wird | er weiß |

Sein is also irregular in the plural:

wir sind, ihr seid, sie/Sie sind

B. The second person singular is used in speaking to (a) a member of one's family, (b) a very close friend (after the two friends have agreed to drop the formal Sie), (c) a child of up to about 12–14 years of age, (d) God or a Saint, (e) an animal.

In narratives of past or imaginary times, such as fairy tales, legends, animal stories, the du-form is used almost exclusively for addressing any one character.

C. The dative form of the personal pronoun of the second person singular is dir, the accusative form is dich. The basic form of the possessive adjective and pronoun is dein (your, yours).

## II. MODAL AUXILIARIES

**A.** Certain verbs, in English and in German, do not express an action, but merely the fact that an action is intended or willed, possible, necessary, advisable, desirable, permissible:

I *can* go
you *must* eat
he *should* come
*may* I smoke?

These verbs, called "modal auxiliaries," are used so frequently in both languages that their early introduction in this Reader seemed advisable. Of the six German modal auxiliaries, four appear in Story 1:

wollen, können, müssen, sollen.

wollen expresses the idea of volition or will power.
können expresses what is possible.
müssen expresses the idea of strong or inevitable necessity.
sollen most often presupposes the existence of an authority and expresses the idea of obligation.

**B.** The conjugation of the modal auxiliaries is irregular in the singular of the present tense:

| wollen | können | müssen | sollen |
|--------|--------|--------|--------|
| ich will | ich kann | ich muß | ich soll |
| du willst | du kannst | du mußt | du sollst |
| er will | er kann | er muß | er soll |

**C.** Whereas the German modal auxiliaries have infinitives and an almost complete conjugational system, the English modals are incomplete; none of them has an infinitive, for example, and missing forms must, therefore, be expressed by substitute phrases, especially in the infinitive and the past tenses. The following examples in the present tense show how a German modal auxiliary can be expressed in English.

er will gehen   he wants to go, he is determined to go, he intends to go, he is willing to go
ich kann laufen   I can run, I am able to run, I am capable of running, I am in a position to run

sie muß arbeiten   she must work, she has to work, she is forced, obliged, compelled, to work

du sollst es tun   you are to do it, you shall do it, you should do it, you are supposed to do it, you are expected to do it; you are said to do it


## III. INFINITIVE PLACEMENT

A German infinitive is placed at the end of the clause to which it belongs.

Zuerst muß sie die Kinder *waschen.*   She must first wash the children.

Warum nicht einen Spaziergang *machen?*   Why not take a walk?


## IV. INVERSION

In statements the finite verb (i.e., the inflected, conjugated verb) is always the second "element" of the sentence. The subject may be, and often is, the first element, but so is, often enough, the direct object, an adjective, an adverb, a predicate noun, a prepositional phrase, or an entire (dependent) clause. If the subject is not the first element, it is generally the third, with the verb in the middle; that is, instead of the "normal" subject-verb sequence, we now have the inverted order, verb-subject.

Noninverted, "normal" order

*Der Igel raucht* seine Pfeife.   The hedgehog smokes his pipe.
*Sie hat* die Hände voll zu tun.   She is very busy.

Inverted order

Seinen Nachbarn *grüßt der Hase* nicht.   The hare does not greet his neighbor.

Freundlich *ist der Hase* nicht.   The hare is not friendly.

Heute *ist der Himmel* blau.   Today the sky is blue.

Als Studenten *müssen wir* schwer arbeiten.   As students we have to work hard.

Vor der Tür seines Hauses *steht ein Igel.*   A hedgehog stands in front of the door of his house.

Wie er auf das Feld kommt, *sieht er* den Hasen.   As he comes to the field, he sees the hare.

*Note:* An "element" is often a single word, but it may also consist of several words if they form a group constituting one unit. Thus the first six words in the following sentence constitute one element:

> Als Studenten an dieser guten Universität *müssen wir* schwer arbeiten.

Note also that interjections such as ja, nein, nun, gut, ach (alas), etc., and some coordinating conjunctions: und, aber, oder (or), denn (for, because), sondern (but, on the contrary) do not change the subject-verb sequence.

> Ich habe die Hände voll zu tun *und ich muß* noch die Kinder waschen. I am very busy and I must still wash the children.
>
> Er ist sein Nachbar, *aber er ist* nicht sein Freund. He is his neighbor, but he is not his friend.
>
> Ich helfe entweder meiner Frau *oder ich mache* einen Spaziergang. I either help my wife or I go for a walk.
>
> Der Hase grüßt den Igel nicht, *denn er ist* nicht sein Freund. The hare does not greet the hedgehog, for he is not his friend.
>
> Der Igel rennt nicht zum anderen Loch, *sondern er bleibt,* wo er ist. The hedgehog does not run to the other hole, but stays where he is.

## V. SIMPLE DEPENDENT CLAUSES

**A.** Dependent clauses are clauses introduced by subordinating conjunctions or relative pronouns, or clauses containing an indirect question. In such clauses *the finite verb is placed at the end of the dependent clause.*

> Ich weiß, *daß* es besser *ist, wenn* ich nichts gegen den Willen meiner Frau *tue.* I know that it is better if I do nothing against my wife's will.
>
> Ich habe Zeit, *bis* das Frühstück fertig *ist.* I have time until breakfast is ready.
>
> Ich weiß nicht, *was* du gegen mich *hast.* I don't know what you have against me.
>
> Sie will immer wissen, *wo* ich *bin* und *was* ich *tue.* She always wants to know where I am and what I am doing.

**B.** An infinitive in a dependent clause *immediately precedes the finite verb.*

Vielleicht sollten wir wetten, wer wirklich schneller *laufen kann.* Perhaps we should bet who can really run faster.

Ich muß ihr sagen, was wir beide *tun wollen.* I must tell her what the two of us want to do.

*Note:* Because the second part of a comparison is actually an incomplete sentence, it may follow an infinitive in a main clause or the finite verb in a dependent clause.

Ich kann mit meinen krummen Beinen schneller *laufen* als du (laufen kannst). I can run faster with my bowlegs than you (can run).

„Ich muß gewinnen", denkt der Hase, „weil ich schneller *laufe* als er (läuft)". "I must win," thinks the hare, "because I run faster than he (runs)."

## VI. PREPOSITIONAL CONTRACTIONS

Certain prepositions can be contracted with some dative and accusative forms of the definite article (**dem, der, den, das**).

Die Sonne scheint *am* (an dem) Himmel. The sun shines in the sky.

Er geht *zum* (zu dem) Hasen. He goes to the hare.

Er kommt nur bis *zur* (zu der) Mitte des Feldes. He gets only up to the middle of the field.

Wie er *aufs* (auf das) Feld kommt, . . . As he comes to the field . . .

The following contractions are possible:

am, ans, aufs, beim, durchs, fürs, hinterm, hintern, hinters, im, ins, überm, übern, übers, ums, unterm, untern, unters, vom, vorm, vors, zum, zur

## VII. EMPHASIS

To emphasize a word in print, German often s p a c e s the word(s).

S i e hat die Hände voll zu tun.

# Summary of idioms in Story 1 (for later review)

The following idioms and idiomatic expressions occur in Story 1. Be sure to look through them now; then review and study them after you have read the story.

*Note:* The numbers refer to the lines of the text in which the idioms occur for the first time.

14 **einen Spaziergang machen** to go for a walk, to take a stroll, walk
27 **heute morgen** this morning
28 **immer noch (or noch immer)** still
33 **jetzt hat er genug** now he has had enough
39 **so etwas Dummes** something stupid like that
43 **Angst haben** to be afraid
   **wetten (um + acc.)** to bet
51 **nach Haus(e) gehen** to go home
52 **warten auf + acc.** to wait for
54 **wir beide** the two of us, both of us
72 **ich warte schon über eine halbe Stunde** I have been waiting for over half an hour (already)
88 **noch einmal** once more, one more time
93 **hin und zurück** back and forth
101 **ich kann nicht mehr** I can't go on, I am bushed

## Prereading vocabulary

Before you start reading, make sure you know the following words that are *not* keyed in the facing-page vocabulary. They are either very basic words you probably have encountered by this time in your textbook, or they are easily recognizable cognates.

Here, and throughout the book, the plural (*pl.*) ending of a noun will be added to its singular (*sg.*) form. Note that many plural forms have umlaut. The umlaut is indicated by the two dots that should be placed over the stem vowel or, in the case of diphthongs, over the first of the two vowels, for example: **der Busch, ̈e (Büsche); das Haus, ̈er (Häuser).** The article for all plurals is **die.**

## Basic words

aber  but, however
die Antwort, -en  answer
antworten  to answer
auch  also, too
da  there; here
dort  there, over there
früh  early
heute  today
klein  small, little
der Morgen, -  morning
nehmen (er nimmt)  to take
nichts  nothing, not anything
nur  only
oder  or
ohne  without
sagen  to say, tell
schon  already
schön  beautiful
stehen  to stand
der Tag, -e  day
von  of; from
    von . . . bis  from . . . to, until
vor  before, in front of
warum  why?
wann  when?
wenn  when; if
wer  who?
wie  how; as, when; like
wieder  again
wo  where?
wohin?  where to?
die Zeit, -en  time
zurück  back

## Numbers

eins  one
zwei  two
drei  three
vier  four
fünf  five
sechs  six
sieben  seven
acht  eight
neun  nine
zehn  ten
elf  eleven
zwölf  twelve
zwanzig  twenty
vierzig  forty
hundert  hundred

## Easy cognates and loan words

der Alkohol  alcohol
das Bad, ̈er  bath
das Blut  blood
das Buch, ̈er  book
der Busch, ̈e  bush, shrub
das Ende, -n  end
das Feld, -er  field
der Freund, -e  friend
der Fuß, ̈e  foot
der Garten, ̈  garden
die Hand, ̈e  hand
das Haus, ̈er  house
der Kaffee  coffee
der Mann, ̈er  man; husband
die Mark  mark
die Mitte  middle, center
die Pfeife, -n  pipe
der Scheck, -s  check
das Scheckbuch, ̈er
    checkbook
der Schnaps, ̈e  schnapps;
    shot (of hard liquor)
der Schuh, -e  shoe
der Sommer, -  summer

die Sonne  sun
der Sonntag, -e  Sunday
die Tür, -en  door
der Wein, -e  wine
das Wetter  weather
der Wille (des Willens)  will
der Wind, -e  wind

besser  better
blau  blue
dumm  dumb, stupid
dünn  thin
freundlich  friendly
frisch  fresh
groß  great, big, large; tall
halb  half
lang  long
laut  loud
natürlich  natural(ly)
voll  full

allein  alone
beide  both
bevor  (*conj.*)  before
dann  then
das  that; the
daß  (*conj.*)  that
dieser, diese, dieses  this; that
hier  here
über  over; above
vorwärts  forward
wann  when
was  what

beginnen  to begin
bluten  to bleed
denken  to think
essen (ißt)  to eat
gehen  to go
helfen (hilft)  to help
hören  to hear
ich kann  I can
ich muß  I must
kommen  to come
machen  to make, do
reiben  to rub
rennen  to run
scheinen  to shine
sehen (sieht)  to see, look
sitzen  to sit
trinken  to drink
tun  to do
waschen (wäscht)  to wash

die Wette, -n   bet, wager
1   der Igel, -   hedgehog
3   hell   bright(ly)
der Himmel   sky
4   blasen (bläst)   to blow
rauchen   to smoke
zufrieden   contented(ly),
  satisfied
6   wunderbar   wonderful
wenigstens   at least
7   leider   unfortunately
die Frau, -en   wife
sie hat die Hände voll zu tun
  she is very busy
8   zuerst   first, first of all
das Kind, -er   child
9   das Frühstück   breakfast
nun   well, now
10   ganz   whole, entire
die Woche, -n   week
schwer   hard; heavy; difficult
11   brauchen   to need
12   die Ruhe   rest
13   also   so, therefore, thus
bis   until
fertig   ready, finished
14   der Spaziergang, ¨e   walk, stroll
einen Spaziergang machen
  to go for a walk, to take a
  stroll
15   die Kartoffel, -n   potato
wachsen (wächst)   to grow
16   der Nachbar, -s or -n, -n*
  neighbor
17   der Hase, -n, -n*   hare
der   who
19   das Bein, -e   leg

* If two endings are listed, the first indicates the genitive singular ending: des Nachbars or des Nachbarn; des Hasen. The normal genitive sg. ending of der- and das-nouns is -s or -es.

# 1. Die Wette

**1.**

An einem schönen Sonntagmorgen steht ein Igel vor der Tür seines Hauses. Es ist Sommer, die Sonne scheint hell am blauen Himmel und ein frischer Wind bläst über die Felder. Der Igel raucht zufrieden seine Pfeife und denkt: „Wie schön das Wetter ist! Ein wunderbarer Morgen! Wenigstens für mich. Leider nicht für meine Frau. S i e hat die Hände voll zu tun. Zuerst muß sie die Kinder waschen, und dann macht sie das Frühstück. Nun, i c h arbeite die ganze Woche, und wenn ich sechs Tage schwer arbeite, dann brauche ich meiner Frau am Sonntag nicht zu helfen. Ein Mann braucht seine Ruhe. Ich habe also Zeit, bis das Frühstück fertig ist. Warum nicht einen kleinen Spaziergang machen und sehen, wie meine Kartoffeln wachsen?"

Wie er auf das Feld kommt, sieht er seinen Nachbarn, den Hasen, der auch einen Spaziergang macht. Der Hase ist sein Nachbar, aber nicht sein Freund. Er, der große Hase mit den langen Beinen, denkt, er

| 20 | etwas Besseres als | something better than |
|---|---|---|
| 21 | kurz | short |
| | trotzdem | nevertheless |
| | grüßen | to greet |
| 22 | Langbein | "Longlegs" |
| 24 | unhöflich | impolite |
| 25 | sondern | but |
| | ganz | very, quite |
| 26 | früh | early |
| 27 | die Hausarbeit | housework |
| | heute morgen | this morning |
| 28 | immer noch or noch immer | still |
| | höflich | polite |
| 30 | ich will | I want (to) |
| 32 | lachen | to laugh |
| 33 | krumm | bowed, crooked |
| | jetzt | now |
| | genug | enough |
| 35 | böse | angry |
| | (er) wird | becomes |
| 36 | ich weiß | I know |
| | gegen | against |
| 37 | glauben | to believe |
| 38 | schneller | faster |
| | laufen (läuft) | to run |
| 39 | so etwas Dummes | something stupid like that |
| 40 | vielleicht | perhaps |
| | wir sollten | we should |
| | wetten | to bet |
| | wirklich | real(ly) |
| 42 | die Flasche, -n | bottle |
| | etwas (sg.) | some (sg.) |
| 43 | Angst haben | to be afraid |
| 45 | weder . . . noch | neither . . . nor |
| 46 | nie | never |
| 47 | anstatt | instead of |
| | zuviel | too much |

ist etwas Besseres als der kleine Igel mit seinen
21 kurzen Beinen. Trotzdem grüßt der Igel ihn freundlich und sagt: „Guten Morgen, Nachbar Langbein!
Wunderbares Wetter, was?"

## 2.

24 Der unhöfliche Hase sagt nicht „Guten Morgen",
sondern antwortet ganz unfreundlich: „Was tust du
hier so früh auf dem Felde? Bist du schon mit der
27 Hausarbeit fertig? Braucht deine Frau dich heute
morgen nicht?" Der Igel ist immer noch höflich und
sagt: „Oh, heute ist Sonntag, heute arbeite ich nicht.
30 Ich will nur sehen, wie meine Kartoffeln wachsen
und mache einen kleinen Spaziergang."—„Einen
Spaziergang?" lacht der Hase; „du, mit deinen dün-
33 nen und krummen Beinen?" Jetzt hat der Igel genug. Die unhöfliche Antwort des Hasen macht ihn
so böse, daß er jetzt auch unfreundlich wird und
36 sagt: „Ich weiß nicht, was du gegen mich hast, aber
ich glaube, ich kann mit meinen krummen Beinen
schneller laufen als du!"—„Ich kann nur lachen,
39 wenn du so etwas Dummes sagst", antwortet der
Hase; „aber vielleicht sollten wir wetten, wer wirklich schneller laufen kann. Zehn Mark und eine gute
42 Flasche Wein, oder etwas Schnaps? Oder hast du
Angst zu wetten?"—„Ich Angst?" antwortet der
Igel; „natürlich nicht. Aber eine Flasche Wein oder
45 Schnaps? Nein. Ich trinke weder Wein noch Schnaps
und wette also nie um Alkohol. Warum nicht zwanzig Mark anstatt zehn? Oder ist dir das zuviel?"—

| 50 | sofort  right away, immediately |
|---|---|
|    | an-fangen (fängt an)  to begin |
| 51 | nach Haus(e) gehen  to go home |
| 52 | warten auf (+ *acc.*)  to wait for |
| 53 | immer  always |
|    | wissen  to know |
| 54 | wir beide  the two of us, both of us |
| 55 | wollen  to want |
|    | die Erlaubnis  permission |
| 58 | holen  to (go and) get, fetch |
| 59 | versprechen (verspricht)  to promise |
|    | die Stunde, -n  hour |
| 61 | bleiben  to stay, remain |
|    | vergessen (vergißt)  to forget |
| 64 | lassen (läßt)  to let |
| 65 | schicken  to send |
| 66 | unterwegs  on the way, en route |
|    | erzählen  to tell |
| 68 | was sie tun soll  what she is to do |
|    | führen  to take, lead |
|    | das Loch, ⁻er  hole |
| 70 | er selbst  he himself |
|    | zum Hasen, der  . . . who |
|    | ander  other |
| 71 | rufen  to call |
| 72 | Krummbein  "Bowlegs" |
|    | ich warte schon  I have been waiting |

<sup>48</sup> „Natürlich nicht", antwortet der Hase. „Gut. Zwanzig Mark. Wann beginnen wir?"


### 3.

„Nicht sofort", sagt der Igel. „Bevor wir anfangen,
<sup>51</sup> muß ich zuerst nach Hause gehen. Meine Frau wartet auf mich und sie wird böse, wenn ich nicht komme. Sie will immer wissen, wo ich bin und was
<sup>54</sup> ich tue. Ich muß ihr also sagen, was wir beide tun wollen. Ohne ihre Erlaubnis kann ich nicht mit dir wetten. Ich weiß, daß es besser ist, wenn ich nichts
<sup>57</sup> gegen den Willen meiner Frau tue. Auch muß ich mir bessere Schuhe holen. Aber hab keine Angst! Ich verspreche dir, daß ich in einer halben Stunde
<sup>60</sup> zurück bin. Warte hier auf mich!"—„Gut", sagt der Hase; „aber bleib nicht zu lange—und vergiß dein Scheckbuch nicht!"
<sup>63</sup> Wie der Igel nach Hause kommt, sagt er zu seiner Frau: „Komm schnell, Olga, ich brauche dich! Laß die Kinder allein ihr Frühstück essen oder schick
<sup>66</sup> sie in den Garten! Komm!" Unterwegs erzählt der Igel seiner Frau von der Wette mit dem Hasen und sagt ihr, was sie tun soll. Er führt sie zu einem Loch
<sup>69</sup> am Ende des Feldes, wo ein Busch steht. Dann geht er selbst zum Hasen, der am anderen Ende des langen Feldes wartet. Der Hase ist böse. Er ruft:
<sup>72</sup> „Schnell, Krummbein! Ich warte schon über eine halbe Stunde. Komm, laß uns anfangen!"—„Wir können sofort beginnen", sagt der Igel; „aber wohin
<sup>75</sup> sollen wir laufen? Vielleicht von diesem Busch hier

| 77 | rechts—links  to the right—to the left |
|----|----|
| 78 | zählen  to count |
| 79 | so … wie  as … as |
|    | die Rakete, -n  rocket |
| 80 | der Schritt, -e  step, pace |
| 81 | langsam  slow(ly) |
| 83 | steigen  to climb |
| 84 | da  here; there |
|    | reibt sich (reiben)  rubs |
| 85 | das Auge, -n  eye |
|    | recht  right |
| 86 | möglich  possible |
|    | das Gesicht, -er  face |
| 87 | einmal  once, one time |
| 88 | noch einmal  once more |
| 90 | erst-  first |
| 92 | schreien  to shout, yell |
| 93 | hin und zurück  back and forth |
| 94 | jedesmal  every time |
| 98 | beim zwölften Mal  (at) the twelfth time |
|    | das Mal, -e  time (occurrence) |
| 99 | stehen-bleiben  to stop |
| 100 | fließen  to flow |
|    | müde  tired |
| 101 | ich kann nicht mehr  I can't go on |
| 102 | sieh!  look! |

bis zu dem Busch dort am Ende des Feldes, was? Du
läufst rechts und ich laufe links."

### 4.

78 „Gut", sagt der Hase und zählt laut: „Eins—zwei—
drei!" Dann rennt er so schnell wie eine Rakete.
Aber der Igel läuft nur drei Schritte vorwärts. Dann
81 geht er langsam zurück und wartet. Wie der Hase
zu dem Busch am anderen Ende des Feldes kommt,
steigt die Frau des Igels aus dem Loch und ruft:
84 „Haha! Ich bin schon da!" Der Hase reibt sich die
Augen und glaubt, er sieht nicht recht. „Wie ist das
möglich?" denkt er und macht ein langes Gesicht.
87 Dann sagt er: „Einmal ist nicht genug. Wir müssen
noch einmal laufen!" Und er läuft zurück. Die Frau
des Igels aber bleibt in ihrem Loch. Wie der Hase
90 wieder zum ersten Busch kommt, sieht er den Igel
schon dort sitzen und rufen: „Hahaha! Ich bin schon
da!" Jetzt ist der Hase wirklich böse und schreit
93 ganz laut: „Noch einmal!" Und nun rennt er hin
und zurück, hin und zurück, und jedesmal, wenn er
zu einem Busch kommt, hört er den Igel oder seine
96 Frau rufen: „Hahahaha! Ich bin schon da!" So geht
es viermal, fünfmal, sechsmal, siebenmal, achtmal,
neunmal, zehnmal, elfmal. Beim zwölften Mal kommt
99 er nur bis zur Mitte des Feldes. Dort bleibt er stehen.
Das Blut fließt von seinen müden Füßen. Ganz
langsam geht er zum Igel. „Ich kann nicht mehr",
102 sagt er; „sieh, wie meine Füße bluten. Hier ist dein
Scheck. Zweihundertvierzig Mark. Ich muß jetzt

| 104 | die Tasse, -n | cup |
| 106 | stark | strong |
| 106 | er nimmt (nehmen) | he takes |
| 108 | zeigen | to show |
| 110 | schlecht | bad |
| 111 | zwar | to be sure |
| 113 | manche (*pl.*) | some (*pl.*) |
| | die Leute (*pl.*) | people |

nach Hause gehen. Ich brauche eine Tasse starken
105 Kaffee und ein Fußbad."

Der Igel nimmt den Scheck und holt seine Frau
aus dem Loch am anderen Ende des Feldes. Wie
108 beide langsam nach Hause gehen, zeigt der Igel
seiner Frau den Scheck und sagt zufrieden: „Nicht
schlecht, was? Zweihundertvierzig Mark ohne viel
111 Arbeit. Siehst du, Olga, wir haben zwar kurze und
krumme Beine, aber wir sind nicht so dumm, wie
manche Leute glauben."

# Übungen (exercises)

FRAGEN ZUM TEXT (questions)

*Directions:*

Give simple German answers, orally or in writing, in complete sentences and, if at all possible, in main clauses. Take your basic answers directly from the text.

*Caution:*

Do not use "because" clauses in Questions 4, 19, and 25.

### 1.

1. Wo steht der Igel?
2. Was raucht er?
3. Ist der Morgen auch wunderbar für seine Frau?
4. Warum nicht?
5. Wie lange arbeitet der Igel?
6. Was braucht ein Mann am Sonntag nicht zu tun?
7. Wer (who) ist auch auf dem Feld?
8. Was macht der Hase auf dem Feld?
9. Was denkt der Hase?
10. Wie grüßt der Igel den Hasen?

### 2.

11. Ist der Hase höflich zu dem Igel?
12. Was sagt er so unfreundlich zu dem Igel? (Three answers)
13. Was will der Igel auf dem Feld sehen?
14. Was macht den Igel so böse?
15. Was glaubt der Igel?
16. Was antwortet der Hase?
17. Worum (what) will der Hase wetten? („Er will um ⎯⎯ wetten.")
18. Worum will der Igel wetten?
19. Warum wettet er nicht um Alkohol? („Er trinkt ⎯⎯.")
20. Ist die Wette dem Hasen zuviel?

### 3.

21. Kann der Igel sofort anfangen?
22. Wann wird seine Frau böse?

23. Was will sie immer wissen?
24. Ohne was kann der Igel nicht wetten?
25. Warum will der Igel nach Hause laufen? („Er will ___ holen.")
26. Was sagt der Igel zu seiner Frau, als (when) er nach Hause kommt? (Two answers)
27. Was erzählt der Igel unterwegs seiner Frau?
28. Wohin führt der Igel seine Frau?
29. Wie lange wartet der Hase schon?
30. Wer läuft rechts und wer läuft links?

4.

31. Wie schnell rennt der Hase?
32. Wie viele (how many) Schritte läuft der Igel vorwärts?
33. Was tut er dann?
34. Was ruft die Frau des Igels?
35. Was glaubt der Hase?
36. Wo bleibt die Frau des Igels?
37. Was schreit der Hase ganz laut?
38. Wievielmal (how many times) rennt der Hase? (Count: „Er rennt einmal, zweimal, ___.")
39. Wie weit (far) kommt er beim zwölften Mal?
40. Wieviel Mark hat der Igel jetzt?
41. Was sagt der Igel zufrieden zu seiner Frau?

## II. WORTBILDUNG (word formation)

A considerable number of German words are derived from non-Germanic languages, especially from Greek, Latin, and French. Because differences in spelling, if any, are often slight, many such words can be recognized at once in print. Some, however, are harder to catch by ear because of differences in pronunciation and accentuation. In the following examples, if a German accentuation is different from English, it is indicated by the italicized vowel(s).

If the exercises are done in class, repeat the words when your instructor pronounces them for you. If the exercises are not done in class, note the difference in accentuation and familiarize yourself with the words. At the same time learn the articles with the nouns because sooner or later you will need many of the words in sections of this book.

| | | |
|---|---|---|
| der Alkohol | der Januar | die Astronom*ie* |
| die Rak*e*te, -n | der Februar | die Astrolog*ie* |
| die Serenade, -n | der März | die Philosoph*ie*, -n |
| der Wein, -e | der Apr*il* | die Philolog*ie* |
| der K*a*ffee or | der Mai | die Bibliograph*ie*, -n |
| der Kaff*ee* | der Juni | die Psycholog*ie*, -n |
| der Scheck, -s | der J*u*li | die Psychiatr*ie* |
| die Rose, -n | der Aug*u*st | die Geograph*ie* |
| das Prof*i*l, -e | der September | die Anatom*ie* |
| der Prof*e*ssor, | der Oktober | die Chem*ie* |
| die Profess*o*ren | der November | die Geolog*ie* |
| die Profess*o*rin, | der Dezember | die Biograph*ie*, -n |
| die Profess*o*rinnen | | |
| der Stud*e*nt, -en, -en | | |
| die Stud*e*ntin, -nen | | |

## III. SYNTAKTISCHE ÜBUNGEN (exercises in sentence structure)

See the relevant paragraph in the preface for the purpose and nature of these nonobligatory exercises and the rationale for their increasing difficulty in subsequent *Übungen*. Briefly, whereas the stories proper never *need* to be *translated*, the sentences in the *Syntaktische Übungen* are meant to be translated into good, or reasonably good, idiomatic English, either verbally or in writing. It is here that the instructor's assistance will fairly soon not only be welcomed, but actually will also be needed.

1. Der Igel, der vor der Tür seines Hauses steht und zufrieden seine Pfeife raucht, denkt, es ist ein wunderbarer Morgen.
2. Seine Frau weiß, daß sie zuerst die Kinder waschen muß, bevor sie auf das Feld gehen kann.
3. Der Igel glaubt, daß er seiner Frau am Sonntag nicht zu helfen braucht, wenn er sechs Tage in der Woche schwer arbeitet.
4. Er will nicht warten, bis seine Frau mit dem Frühstück für die Kinder fertig ist.
5. Der Igel sagt, er glaubt, daß er mit seinen krummen Beinen schneller laufen kann.
6. „Mußt du deiner Frau wirklich sagen, was wir beide hier auf dem Feld tun wollen?" fragt der Hase.

7. „Ja, es ist besser, wenn ich nichts gegen den Willen meiner Frau tue", antwortet der Igel.

8. Unterwegs erzählt der Igel seiner Frau, was sie auf dem Feld tun soll und wann sie aus dem Loch steigen muß.

9. Er selbst geht zum Hasen, der am anderen Ende des Feldes schon über eine halbe Stunde auf ihn wartet.

10. Der dumme Hase weiß nicht, warum er jedesmal, wenn er zu einem Busch kommt, einen Igel sieht.

# 2. Die vier Musiker

# *Notes*

## I. SEPARABLE PREFIX CONSTRUCTIONS

**A.** In English and in German, prepositions can be used as verbal modifiers:

to underline, to go under
to bypass, to go by
to overlook, to look someone over
to upset, to set up
etc.

Many German prepositions and other verbal modifiers, such as **weiter, stehen** in **stehenbleiben,** etc., used for the purpose of forming verbal compounds, may be detached from the verb. If they are detachable, they are called "separable prefixes."

**B.** The place of a separable prefix in a *main* clause is *at the end.*

**Sie macht den Mund wieder *zu*.**   She shuts her mouth again.
**Schnell fliegt er vom Baum *herunter*.**   Quickly he flies down
from the tree.
**Alle vier gehen voller Hoffnung *weiter*.**   Full of hope all four
of them walk on.
**Er bleibt bei dem Esel *stehen*.**   He stops by the donkey.

**C.** When the verb of which the separable prefix is a part is at the end of a clause (finite verbs in dependent clauses, infinitives, present or past participles), the separable prefix *precedes and joins its verb.*

**Bevor der Hahn die Augen *zu*macht, dankt er Gott im
Himmel.**   Before the rooster closes his eyes, he gives thanks
to God in heaven.
**„Nun?" fragen die anderen, als der Esel *zurück*kommt.**
"Well?" the others ask when the donkey comes back.
**Ich muß Tag und Nacht auf sein Haus *auf*passen.**
Day and night I must keep an eye on his house.

Ich möchte so schnell wie möglich von hier *weg*gehen.
I would like to go away from here as quickly as possible.
Was wird der Schmied sagen, wenn er hört, daß ich *weg*gehen
will? What will the blacksmith say when he hears that I want
to leave?

**D.** If the infinitive of a verbal compound is used with **zu,** the position
of **zu** is *between* the separable prefix and the infinitive. All three then
combine into one word.

Ich schlafe, anstatt auf sein Haus auf*zu*passen.
I sleep instead of watching his house.
Es ist nicht immer leicht, früh am Morgen auf*zu*stehen.
It is not always easy to get up early in the morning.

Note the following constructions in German and in English:

*anstatt* sie *zu fangen*  instead of catch*ing* them
*anstatt aufzupassen*  instead of watch*ing*
*ohne* nach rechts oder links *zu sehen*  *without* look*ing* to the
right or left
*um* sie *zu* holen  *in order to* get them

*Note:* To make it possible for you to recognize and learn the verbs
with separable prefixes, such verbs are listed in our prereading, facing-
page, and end vocabularies with a hyphen between the prefix and the
infinitive.

## II. MODAL AUXILIARIES (cont'd.)

The remaining two modal auxiliaries are **dürfen** and **mögen. Dürfen**
expresses the idea of permission.

Darf ich gegen seinen Willen das Haus verlassen?  May I leave
the house . . .? Am I allowed, am I permitted to leave the
house . . .?

**Mögen** expresses the idea of liking.

Ich möchte hinter dem Ofen liegen.  I would like to lie behind
the stove.

Of all the forms of **mögen,** the (subjunctive) forms ich möchte, du
möchtest, er möchte, etc., are used most frequently.
The conjugation of **dürfen** and **mögen** in the singular of the pres-

ent tense is as irregular as that of the other four modal auxiliaries
wollen, können, müssen, sollen:

| dürfen | mögen |
|--------|-------|
| ich darf | ich mag |
| du darfst | du magst |
| er darf | er mag |

## III. THE FUTURE TENSE

**A.** German often uses the present tense to express time in the future
when the future meaning is clear from the context.

**Morgen *bin* ich tot.** Tomorrow I *shall be* dead.

**Ich verspreche dir, daß ich in einer halben Stunde zurück
*bin*.** I promise you that I'*ll be* back in half an hour.

**B.** German has, however, a separate future tense. It is formed by combining werden in the present tense with the infinitive of the main verb.
The conjugation of werden, as already mentioned, is irregular in the
singular.

ich werde, du wirst, er wird

**Ich glaube, ich *werde* bald vor Hunger *sterben*.** I think I'*ll*
soon *die* from hunger.

**Was *wird* der Schmied *sagen*?** What *will* the blacksmith *say*?

**Deshalb *werden* wir Ihnen das Ende ein anderes Mal
*erzählen*.** We *shall*, therefore, *tell* you the end another time.

## *Summary of idioms in Story 2 (for later review)*

6 **zu Haus(e)** at home
23 **zu alt zum Arbeiten** too old to work
39 **eines Tages** some day, one day
48 **es steht in der Zeitung** it says in the newspaper
51 **noch nicht** not yet
61 **die Idee gefällt dem Hund** the dog likes the idea
62 **am Wege** by the roadside
64 **ein langes Gesicht machen** to pull a long face

66 Freude machen  to give pleasure
   das Leben macht mir keine Freude mehr  I don't enjoy life any more
81 von Natur (aus)  by nature
91 soviel ich weiß  as far as I know
93 abends  in the evening
94 voller Freude  full of joy
117 morgen ist mein Leben zu Ende  tomorrow my life will come to an end
121 das gefällt mir nicht  (that is not pleasing to me =) I don't like it
128 zu Ende  at an end, over, finished, all gone
    auf deutsch  in German
131 zu jung zum Sterben  too young to die
149 voller Hoffnung  full of hope
164 mitten im Lied  in the middle of the song
170 etwas zum Essen und zum Trinken  something to eat and drink
194 beim Essen  while eating
214 nach Herzenslust  to one's heart's content
216 Lust haben  to like
    Hast du Lust, einen kleinen Spaziergang zu machen?
    Would you like to go for a little walk?
    Nein, ich habe keine große Lust.
    No, I don't much feel like it.

## Prereading vocabulary

Once again, be sure to study the following words that occur in Story 2 but are not keyed in the facing-page vocabulary.

### Basic words

das Herz, -ens, -en  heart
die Hoffnung, -en  hope
das Leben, -  life
das Licht, -er  light
die Nacht, ̈e  night
die Straße, -n  street
der Tod  death, Death
die Trommel, -n  drum
   (instrument)

die Trompete, -n  trumpet
der Trompeter, -  trumpeter
der Weg, -e  way, road, path
die Welt, -en  world

falsch  false
offen  open
reich  rich
tot  dead

fliegen  to fly
folgen  to follow
fragen  to ask
hoffen  to hope
leben  to live
legen  to lay, place, put
liegen  to lie
träumen  to dream
treiben  to drive
wohnen  to live (reside)

morgen  tomorrow
nach  to; after
nein  no
um  around
zwischen  between

*Easy cognates and loan words*

der Akt, -e  act
der Apfel, ⸚  apple
der Dieb, -e  thief
das Ende, -n  end
das Fest, -e  festival,
    celebration, feast
das Glas, ⸚er  glass
(der) Gott, ⸚er  God, god
der Hammer, ⸚  hammer
der Hund, -e  dog
der Hunger  hunger
die Idee, -n  idea
das Jahr, -e  year
die Katze, -n  cat
die Milch  milk
die Maus, ⸚e  mouse
die Mühle, -n  mill
der Müller, -  miller
die Musik  music
der Musiker, -  musician
die Nase, -n  nose
der Ofen, ⸚  oven, stove

die Oper, -n  opera
das Publikum  public
der Räuber, -  robber
der Sack, ⸚e  sack
die Situation, -en  situation
die Suppe, -n  soup
der Tabak  tobacco
die Weile  while

all, alles  all
alt  old
bitter  bitter
durstig  thirsty
hungrig  hungry
intelligent  intelligent
jung  young
kalt  cold
melancholisch  melancholy
modern  modern
musikalisch  musical
neu  new
optimistisch  optimistic
rund  round
tausend  thousand
warm  warm
weiß  white

danken  to thank
enden  to end
fallen (fällt)  to fall
finden  to find
geben (gibt)  to give
schlafen (schläft)  to sleep
singen  to sing
springen  to spring
stehlen (stiehlt)  to steal

unter  under
weg  away
weit  wide; far

1   **Bremen**   city in northwest
     Germany
     **der Esel, -**   donkey
2   **schwach**   weak
     **müde**   tired
     **denn er ist schon . . . unter-**
     **wegs**   because he has
     already been on the way,
     on the go
6   **zu Haus(e)**   at home
7   **der Herr, -n, -en**   master
     **behalten (behält)**   to keep
9   **tragen (trägt)**   to carry
10   **schwer**   heavy
     **weil**   because
     **bekommen**   to get, receive
12   **niemand**   no one, nobody
19   **arm**   poor

# 2. Die vier Musiker

### 1.

Auf der Straße nach Bremen steht ein alter Esel. Er ist schwach und müde, denn er ist schon den ganzen Tag unterwegs. Warum ist er auf dem Weg nach Bremen? Er hofft, dort als Musiker Arbeit zu finden; vielleicht kann er im Symphonieorchester die Trompete blasen. Zu Hause kann er nicht mehr arbeiten, denn sein Herr, ein Müller, will ihn nicht länger behalten. Er ist schon fünfzehn Jahre alt, und die Säcke, die er zur Mühle tragen muß, sind jetzt zu schwer. Und weil er nicht mehr arbeiten kann, bekommt er auch von seinem Herrn nichts zu essen. So muß er also von zu Haus weggehen, weil niemand ihn dort braucht. Nun steht er auf der Straße, schwach, hungrig, durstig und müde. Da kommt ein Hund. Der Esel sieht sofort, daß der Hund so müde ist wie er selbst. Der Hund geht ganz langsam; er ist vor Hunger so schwach, daß er nicht mehr laufen kann. Er bleibt bei dem Esel stehen.

„Du armer Hund", sagt der Esel; „ich glaube, du bist so müde und hungrig wie ich. Wohin gehst du,

21 wenn ... ich darf  if I may
   ach  alas
23 gesund  healthy, in good health
24 der Schmied, -e  (black)smith
   böse  bad, wicked
26 auf-passen (auf + *acc.*)  to watch
   bellen  to bark
   jemand  someone, somebody
27 das Geld, -er  money
31 riechen  to smell
32 früher  formerly, in former times
   die Stimme, -n  voice
34 anstatt  instead (of)
36 schlagen (schlägt)  to beat
37 ich werde ... sterben  I shall die
   bald  soon
43 der Wunsch, -̈e  wish
   ich möchte  I would like
45 leicht  easy, easily
   erfüllen  to fulfill
47 zusammen  together
48 in der Zeitung steht  it says in the newspaper
   die Zeitung, -en  newspaper

21 wenn ich fragen darf?"—„Ach!" antwortet der
Hund, „ich weiß wirklich nicht, was ich machen soll.
Ich bin noch gesund, aber ich bin zu alt zum Ar-
24 beiten. Mein Herr ist ein Schmied. Ein böser Mann,
sage ich dir! Ich muß Tag und Nacht auf sein Haus
aufpassen und laut bellen, wenn jemand kommt.
27 Mein Herr hat viel Geld im Haus und hat immer
Angst, daß Diebe oder Räuber kommen und sein
Geld stehlen. Ich weiß, ich soll aufpassen, aber ich
30 bin jetzt schon so alt, daß meine armen Augen nicht
mehr viel sehen; meine Nase riecht nicht mehr so
gut wie früher, und meine Stimme ist schwach.
33 Schon am Abend bin ich immer so müde, daß ich
schlafe, anstatt aufzupassen, und wenn mein Herr
das sieht, dann nimmt er seinen Hammer und
36 schlägt mich. Er gibt mir auch nie genug zu essen.
Ich glaube, ich werde bald vor Hunger sterben; ich
bin jetzt schon ganz dünn. Und—wer weiß?—wenn
39 eines Tages wirklich Diebe und Räuber kommen und
das Geld stehlen, dann nimmt der Schmied vielleicht
seinen schweren Hammer und schlägt mich tot. Ich
42 habe Angst, sage ich dir! Ich habe nur einen
Wunsch: Ich möchte so schnell wie möglich von hier
weggehen. Aber wohin?"—„Das ist ein Wunsch, den
45 ich leicht erfüllen kann", sagt der Esel. „Weißt du
was? Mein Herr braucht mich auch nicht mehr, weil
ich so alt bin. Warum gehen wir nicht beide zusam-
48 men nach Bremen? In der Zeitung steht, daß man
dort Musiker braucht. Ich hoffe, als Trompeter im
Orchester Arbeit zu finden. Bist du musikalisch?
51 Wenn deine Hände noch nicht zu schwach sind,

54 wird ... sagen  will say
57 verlassen (verläßt)  to leave
   der Teufel, -  devil
59 die Sache, -n  thing
61 die Idee gefällt dem Hund
   the dog likes the idea
62 schwarz  black
   am Weg(e)  by the roadside
64 macht ein langes Gesicht
   pulls a long face
   das Gesicht, -er  face
65 traurig  sad
66 Freude machen  to give
   pleasure
   die Freude, -n  joy,
   pleasure
67 der Zahn, ⁻e  tooth
68 deshalb  therefore
69 fangen (fängt)  to catch
   lieber  rather
70 gemütlich  cozy, comfortable
   das Wohnzimmer, -  living
   room
   das Zimmer, -  room
71 weich  soft
   der Teppich, -e  rug, carpet
75 faul  lazy
76 leider  unfortunately
77 um ... zu  (in order) to
   kaufen  to buy
79 wenn ich ... zurückdenke
   when I think back of
   denken an + acc.  to think
   of
   die Jugend  youth

kannst du vielleicht die Trommel schlagen. Gute Leute wie dich braucht man in einem Orchester immer. Komm!"—„Aber was wird der Schmied sagen, wenn er hört, daß ich weggehen will?" antwortet der Hund; „darf ich gegen seinen Willen das Haus verlassen?"—„Dein Herr ist ein Teufel", sagt der Esel; „er ist so schlecht, daß du von ihm keine Erlaubnis brauchst. Nimm deine Sachen und folge mir!"

## 2.

Die Idee gefällt dem Hund, und er folgt dem Esel. Nach einer Weile sehen sie eine schwarze Katze am Wege sitzen. Sie ist auch nicht mehr jung; sie ist schwach und müde und macht ein langes Gesicht. „Warum so traurig?" fragt der Esel.—„Ach!" antwortet die Katze, „das Leben macht mir keine Freude mehr. Ich bin alt und habe keine Zähne mehr, und deshalb kann ich keine Mäuse mehr fangen. Ich bin immer müde und möchte lieber in dem gemütlichen Wohnzimmer meiner Herrin auf dem weichen Teppich vor dem Ofen liegen und warme Milch trinken; ich will schlafen und von Mäusen t r ä u m e n, anstatt sie zu fangen. Weil ich aber jetzt nichts mehr fangen kann und weil meine Herrin denkt, daß ich faul bin, will sie mich nicht länger im Haus behalten. Sie ist leider auch nicht reich genug, um mir falsche Zähne zu kaufen. Ich selbst habe natürlich auch nicht genug Geld. Ach, wenn ich an meine Jugend und an meine

82 (ich) lache gern  I like to laugh
83 der Mund, ⁻er  mouth
   auf-machen  to open
84 darin  in it
89 ziemlich  rather, fairly
   besonders  especially
91 soviel ich weiß  as far as I know
93 abends  in the evening
   spielen  to play
   herrlich  wonderful, splendid
94 schreien  to screech, scream,
      shout
   voller Freude  full of joy
95 froh  glad, happy
96 verdienen  to earn
98 daran  of it
   fast  almost
99 sich schämen  to be ashamed
   wegen  because of
100 zu-machen  to shut, close
102 darin  in it
103 langweilig  boring
104 die Geschichte, -n  story
105 weiter-gehen  to keep going
106 spät  late

schönen weißen Zähne zurückdenke, dann werde
81 ich ganz melancholisch! Ich bin zwar von Natur optimistisch und lache gern; aber wenn ich jetzt den
Mund aufmache, um zu lachen, dann sieht man, daß
84 nichts mehr darin ist, und jeder weiß sofort, wie alt
ich bin. Ach, das Leben ist für eine alte Katze wirklich nicht leicht. Es ist bitter, alt zu sein. Aber was
87 kann man machen?"—„Warum kommst du nicht mit
uns nach Bremen?" sagt der Esel; „jeder weiß, daß
Katzen ziemlich gut singen, besonders in der Nacht.
90 Ich kann dir natürlich nichts versprechen, aber
soviel ich weiß, braucht das Symphonieorchester
von Bremen jemand wie dich—besonders wenn es
93 abends Serenaden spielt."—„Das ist eine herrliche
Idee!" schreit die Katze voller Freude; „ich bin so
froh, daß jemand mich in meinen alten Tagen noch
96 braucht. Vielleicht verdiene ich dort auch so viel
Geld, daß ich mir eines Tages neue Zähne kaufen
kann. Wenn ich nur daran denke, möchte ich fast
99 vor Freude lachen; aber ich schäme mich wegen
meiner Zähne. Zähne? Hahaha!" Und sie macht den
Mund sofort wieder zu, denn sie will nicht zeigen,
102 daß sie nichts mehr darin hat. „Komm!" sagen die
zwei Freunde, „und erzähle uns keine langweiligen
Geschichten von deinen dummen Zähnen; komm,
105 wir haben nicht viel Zeit. Wir müssen weitergehen.
Es ist schon spät."


*3.*

Die drei gehen weiter. Nach einer Weile hören sie

| 108 | schrecklich | terrible |
| 109 | der Lärm | noise |
| | der Hahn, ⁻e | rooster |
| 109 | neben | beside, next to |
| 110 | der Baum, ⁻e | tree |
| 114 | das Lied, -er | song |
| 116 | erst | only |
| 118 | letzt- | last |
| 119 | der Geburtstag, -e | birthday |
| | das Fest, -e | feast |
| 120 | das Weib, -er | woman |
| 125 | . . ., zu dem | to whom |
| | doch | but |
| 128 | nun, . . . | well . . . |
| 129 | auf deutsch | in German |
| 130 | leb wohl | farewell |
| 131 | das Tal, ⁻er | valley |
| | die Träne, -n | tear |
| 132 | wie ich | like me |
| 135 | herunter | down |

108 einen schrecklichen Lärm und sehen einen Hahn in einem Garten neben der Straße. Er sitzt auf einem Apfelbaum und schreit; aber er schreit nicht vor
111 Freude. „Warum schreist du so laut?" fragt der Esel; „macht dir das Leben keine Freude mehr?"—„Ich schreie nicht, ich s i n g e", antwortet der Hahn;
114 „ich singe ein trauriges Lied." Und nun erzählt er seine traurige Geschichte. „Ich bin jung, gesund und schön. Ich bin erst fünf Jahre alt, und das Leben
117 liegt noch vor mir. Aber morgen ist es zu Ende, morgen ist mein letzter Tag. Morgen hat meine Herrin Geburtstag, und weil das ein Festtag ist, will das
120 schreckliche Weib mich am Abend in der Suppe essen. Das gefällt mir natürlich nicht. Ich habe Angst vor dem Tod. Ich will noch nicht sterben.
123 Nein, nein! Ich will leben! Ich möchte von hier weggehen, bevor ich sterben muß, aber ich habe niemand in der ganzen Welt, zu dem ich gehen kann. Doch
126 was kann man machen? Wenn Gott niemand schickt, um mir zu helfen, dann ist mein kurzes Leben bald zu Ende. Nun, morgen bin ich tot, und deshalb singe
129 ich jetzt, auf deutsch, das herrliche Lied aus dem letzen Akt der Oper *Aida:* ‚Leb wohl, o Erde, o du Tal der Tränen!' Arme Aida! Zu jung und schön zum
132 Sterben! Wie ich."—„Schrecklich!" rufen die drei Freunde. Aber sie wissen natürlich sofort, was der traurige Hahn in dieser Situation machen muß.
135 „Komm herunter von deinem Baum", rufen alle drei, „und geh mit uns in die Stadt Bremen! Du bist zu jung und viel zu schön zum Sterben. Wir sind alle
138 Musiker und gehen nach Bremen, um dort im Sym-

| 141 | rein  pure |
| | immer noch  still |
| 144 | größt-  greatest |
| | erfüllt  fulfilled |
| 145 | endlich  finally |
| | die Gelegenheit, -en opportunity |
| 149 | voller Hoffnung  full of hope |
| 150 | es wird dunkel  it is getting dark |
| 152 | der Wald, ̈er  forest, woods |
| 154 | der Zweig, -e  branch |
| 155 | die Spitze, -n  tip, top |
| 156 | fromm  pious, religious, devout |
| 157 | das Gebet, -e  prayer |
| | der Himmel  heaven |
| 161 | der Stern, -e  star |
| 162 | dritt-  third |
| 164 | hold  lovely |
| | mitten im Lied  in the middle of his song |

phonieorchester zu spielen und zu singen. Du hast
eine schöne und laute Stimme. Sie ist vielleicht nicht
141 mehr ganz rein, aber für moderne Musik ist sie immer noch gut genug. Geh, hole deine Sachen und
komm mit uns!"—„Herrlich!" schreit der Hahn vol-
144 ler Freude; „dann ist mein größter Wunsch erfüllt:
endlich habe ich eine Gelegenheit, vor einem großen
Publikum zu singen! Und meine Herrin, dieses
147 schreckliche Weib, kann ihre Suppe morgen ohne
mich essen!"

## 4.

Alle vier gehen nun froh und voller Hoffnung weiter.
150 Es ist schon spät, der Abend kommt, es wird dunkel,
aber die Stadt ist noch ziemlich weit. Sie kommen in
einen großen Wald. Hier müssen sie bleiben, bis der
153 Morgen kommt. Der Esel und der Hund schlafen
unter einem Baum, die Katze steigt auf einen Zweig,
der Hahn fliegt in die Spitze des Baumes. Bevor der
156 fromme Hahn die Augen zumacht, sagt er sein
Abendgebet und dankt Gott im Himmel, daß sein
kurzes Leben morgen nicht in der Suppe endet. Wie
159 er fertig ist, sieht er weit weg zwischen den Bäumen
etwas Helles, etwas Weißes. „Was ist das?" sagt er
und reibt sich die Augen. „Ah, ein Stern!" denkt er
162 und singt sofort das schöne Lied aus dem dritten
Akt von Richard Wagners Oper *Tannhäuser:* „O du,
mein holder Abendstern..." Aber mitten im Lied
165 sieht er, daß es kein Stern ist. Das Licht kommt von
einem Haus. „Nun, wenn dort ein Haus steht, dann

171 wecken  to wake up, awaken
172 leise  soft(ly)
174 Menschen  people
    der Mensch, -en, -en  man,
        human being, person
180 das Schlüsselloch  keyhole
    der Schlüssel, -  key
185 richtig  *here:* real
    die Festtafel  (elaborately set)
        festive table
    die Tafel, -n  (long) table
187 die Schüssel, -n  platter, dish
    darin  in it
    gebraten  roasted
188 das Maul, ⁻er  mouth
        (especially of an animal)
    hmm!  yum-yum!
194 beim Essen  while eating
196 solch  such
197 sollten  should

ist es natürlich viel besser für uns, wenn wir in einem warmen Zimmer schlafen als hier im kalten Wald. Und—wer weiß?—vielleicht finden wir dort auch etwas zum Essen und zum Trinken." Schnell fliegt er vom Baum herunter und weckt die anderen drei, und nun gehen alle vier so leise wie möglich durch den Wald, bis das Haus vor ihnen liegt. „Wo Licht ist, müssen Menschen wohnen", sagt der Esel; „aber ich glaube nicht, daß die Leute in diesem Haus gute Menschen sind. Nur böse Menschen leben so weit weg und ganz allein in einem so großen Wald."

—„Du", sagt der Hund zum Esel, „geh zum Haus und sag uns dann, was du siehst." Der Esel geht leise zur Tür und sieht durch das Schlüsselloch. „Nun?" fragen die anderen, als er zurückkommt, „was siehst du?"—„Ich kann durch das kleine Schlüsselloch nicht alles sehen", sagt der Esel, „aber was ich sehe, gefällt mir nicht. Im Zimmer steht ein großer Tisch—eine richtige Festtafel!— mit vielen Weinflaschen; in der Mitte steht eine runde Schüssel, und darin liegt ein kleines gebratenes Schwein mit einem Apfel im Maul."—„Hmm!" sagt der dünne, hungrige Hund, „das ist etwas für uns."—„Nein", sagt der Esel, „das ist leider noch nicht alles. Um den Tisch sitzen Männer. Sie essen, trinken und rauchen ihre Tabakspfeifen, und vor ihnen auf dem Tisch liegt ein offener Sack mit Geld. Und da sitzen sie und zählen beim Essen das viele Geld. Ich glaube, diese Männer sind böse Diebe und Räuber. Was denkt ihr?"—„Solch schlechte Menschen sollten es nicht so gut haben", sagen die

| 200 | das Fensterbrett  windowsill |
|---|---|
|  | das Fenster, -  window |
|  | das Brett, -er  board |
| 201 | der Rücken, -  back |
| 203 | der Kopf, ∸e  head |
| 205 | miauen  to meow |
|  | krähen  to crow |
| 207 | das Stück, -e  piece |
| 210 | ohne . . . zu sehen  without looking |
| 212 | so schnell  as fast as |
|  | (sie) setzen sich  they sit down |
| 214 | nach Herzenslust  to their heart's content |
| 216 | Lust haben  to like |
| 217 | lesen (liest)  to read |
|  | etwas  a little |
| 219 | wir werden . . . erzählen  we shall tell |
|  | das Mal  time (occurrence) |

anderen drei; „wir sollten sie aus dem Haus treiben!
Aber wie?" Die intelligente Katze hat eine gute Idee.
Der Esel legt seine Füße leise auf das Fensterbrett,
201 der Hund springt auf den Rücken des Esels, die
Katze steigt auf den Hund, und der Hahn fliegt auf
den Kopf der Katze. Und nun zeigen sie, wie musi-
204 kalisch sie sind. Der Esel schreit, der Hund bellt,
die Katze miaut, und der Hahn kräht. Dann fallen
sie alle vier zusammen durch das Fenster, so daß
207 das Glas in tausend Stücken und mit großem Lärm
in das Zimmer fliegt. Wie die Räuber diese schreckliche Musik hören, glauben sie, der Tod und der
210 Teufel sind im Haus, um sie zu holen. Ohne nach
rechts oder links zu sehen, rennen sie aus dem Haus
so schnell ihre Beine sie tragen können. Nun setzen
213 sich unsere vier Freunde an den Tisch und essen
und trinken nach Herzenslust.

Die Geschichte von den vier Musikern ist hier
216 noch nicht zu Ende. Wenn Sie Lust haben, die Geschichte zu Ende zu lesen, dann müssen Sie etwas
warten. Die ganze Geschichte ist ziemlich lang, und
219 deshalb werden wir Ihnen das Ende ein anderes Mal
erzählen.

# *Übungen*

## I. FRAGEN ZUM TEXT

### *1.*

1. Wo steht der Esel?
2. Warum ist er schwach und müde?
3. Warum kann er zu Hause nicht mehr arbeiten?
4. Wie alt ist er schon?
5. Was sieht der Esel sofort, als (when) der Hund kommt?
6. Warum geht der Hund ganz langsam?
7. Was muß der Hund tun, wenn jemand kommt?
8. Was hat der Herr des Hundes im Haus?
9. Ist seine Nase noch gut? Und wie ist seine Stimme?
10. Gibt sein Herr ihm genug zu essen?
11. Was tut der Schmied vielleicht, wenn Diebe oder Räuber sein Geld stehlen?
12. Was für einen (what kind of) Wunsch hat der Hund? („Er sagt: ‚Ich möchte ____.‘ “)
13. Was hofft der Esel zu finden?

### *2.*

14. Wen (whom) sehen die zwei Freunde am Wege sitzen?
15. Was für ein (what kind of) Gesicht macht die Katze?
16. Was antwortet die Katze dem Esel zuerst?
17. Warum kann sie keine Mäuse mehr fangen?
18. Sie ist müde. Was möchte sie tun? („Ich möchte ____.“)
19. Warum will ihre Herrin sie nicht länger behalten?
20. Was ist die Katze von Natur, und was tut sie gern?
21. Was weiß jeder, wenn die Katze den Mund aufmacht?
22. Was ist bitter?
23. Was weiß jeder von (about) Katzen?
24. Wann möchte die Katze lachen? („Wenn sie ____ denkt.“)
25. Was will sie nicht zeigen?
26. Warum müssen die zwei Freunde weitergehen?

### *3.*

27. Was hören und sehen die drei Freunde nach einer Weile?
28. Wo sitzt der Hahn?

29. Was macht er dort?
30. Was singt er?
31. Wie alt ist der Hahn?
32. Was will seine Herrin mit ihm tun?
33. Gefällt ihm das?
34. Was möchte er tun, bevor er sterben muß? („Er möchte
____.")
35. Was wissen die drei Freunde sofort?
36. Was für eine (what kind of) Stimme hat der Hahn?
37. Warum schreit der Hahn „Herrlich!"?

*4.*

38. Wohin kommen die vier Freunde?
39. Wie lange müssen sie dort warten?
40. (a) Was tun der Esel und der Hund? (b) Was tut die Katze?
(c) Was tut der Hahn?
41. Was sieht der Hahn zwischen den Bäumen?
42. Woher (from where) kommt das Licht?
43. Was für (what kind of) Menschen leben allein in einem großen
Wald?
44. Der Esel geht zur Tür. Was tut er dort?
45. Was steht im Zimmer?
46. Was steht mitten auf dem Tisch?
47. Was tun die Männer?
48. Was liegt vor ihnen auf dem Tisch?
49. Was sagen die anderen drei Freunde?
50. Was tun die vier Freunde dann? (a) der Esel, (b) der Hund,
(c) die Katze, (d) der Hahn.
51. Was zeigen sie nun?
52. Wohin fallen sie alle zusammen?
53. Was glauben die Räuber?
54. Wie schnell rennen sie?

## II. WORTBILDUNG

**A.** Here are more easily recognizable German words of foreign origin.
Note the accentuation and pay attention to the genders of the nouns.

| das Metall, -e | das Sofa, -s | die Organisation, -en |
| der Motor, -en | das Telegramm, -e | normal |

| das Programm, -e | die Religion, -en | privat |
| der Park, -s | die Inquisition | technisch |
| der (Auto)bus, -se | die Revolution, -en | mechanisch |
| der Apparat, -e | die Diskretion | natürlich |
| die Republik, -en | die Nation, -en | skeptisch |
| die Banane, -n | die Evolution, -en | pünktlich |

**B.** Your vocabulary is now large enough to make meaningful comparisons between numerous German and English words and to arrive at certain conclusions that will make it possible to guess correctly many cognates you will encounter in the future. Note that although there are definite correspondences between German and English vowels, it is primarily the consonants that provide the basis for and the guide toward the recognition of cognates.

1. German *t* often corresponds to English *d*

| gut | good | unter | under |
| laut | loud | Mitte | middle |
| kalt | cold | trinken | drink |
| Gott | God | träumen | dream |
| alt | old | tun | do |
| weit | wide | treiben | drive |
| Blut | blood | Trommel | drum |
| bluten | bleed | Teufel | devil |
| anstatt | instead | Tür | door |
| Garten | garden | | |

2. German *d* often corresponds to English *th*

| durstig | thirsty | durch | through |
| denken | think | beide | both |
| dann | then | Erde | earth |
| danken | thank | ander | other |
| dünn | thin | Tod | death |
| drei | three | Bad | bath |
| der | the | Mund | mouth |
| das | the | Jugend | youth |
| da | there | | |

3. *s, ss, ß* often correspond to *t*

| es | it | das | that |

| daß | that | grüßen | greet |
|------|------|--------|-------|
| was | what | besser | better |
| groß | great | Straße | street |
| weiß | white | vergessen | forget |
| Fuß | foot | lassen | let |
| essen | eat | | |

### 4. z, tz often correspond to t

| zu | to | Katze | cat |
|------|------|--------|-------|
| zwei | two | sitzen | sit |
| zehn | ten | setzen | set |
| zwölf | twelve | erzählen | tell |
| zwanzig | twenty | Herz | heart |

### 5. b often corresponds to v

| haben | have | sieben | seven |
|--------|------|--------|-------|
| geben | give | über | over |
| leben | live | Abend | evening |
| die Diebe | thieves | | |

### 6. ch rather often corresponds to gh

| acht | eight | recht(s) | right |
|-------|-------|----------|-------|
| Nacht | night | Nachbar | neighbor |
| Licht | light | durch | through |
| leicht | light | | |

### 7. ch sometimes corresponds to k

| Milch | milk | Woche | week |
|-------|------|-------|------|
| Buch | book | machen | make |

### 8. f, ff, pf often correspond to p(p)

| Apfel | apple | Pfeife | pipe |
|--------|-------|--------|------|
| helfen | help | Pfeife | pipe |
| hoffen | hope | öffnen | open |

### 9. g sometimes corresponds to y

| sagen | say | Weg | way |
|--------|------|------|------|
| Tag | day | weg | away |
| legen | lay | Auge | eye |

10. *schl* equals *sl*, *schm* equals *sm*, *schn* equals *sn*, *schw* equals *sw*

| | | | |
|---|---|---|---|
| *schl*afen | *sl*eep | *Schn*ee | *sn*ow |
| *Schm*ied | *sm*ith | *schw*immen | to *sw*im |

*Note:* There are, of course, many exceptions, and the above conclusions are guidelines rather than rules. Still, it often pays to give new words a try.

## III. SYNTAKTISCHE ÜBUNGEN

1. Der Hund wird vielleicht bald sterben müssen, wenn er von seinem Herrn nichts zu essen bekommt.
2. Meine Herrin hat keine große Lust, mir in meiner traurigen Situation falsche Zähne zu kaufen.
3. Um mir jetzt neue Zähne zu kaufen, brauche ich natürlich viel Geld.
4. Leider habe ich nie genug Geld, um mir neue Zähne kaufen zu können.
5. Anstatt dem armen Hund etwas zu essen zu geben, schlägt sein Herr ihn vielleicht eines Tages tot.
6. Der Esel kommt bald von dem Haus, wo die bösen Räuber wohnen, zurück. Als er von dort zurückkommt, erzählt er den anderen, was er durch das Schlüsselloch im Zimmer sieht.
7. Warum, glauben Sie, bleibt der Hund auf der Straße nach Bremen bei dem Esel stehen?
8. „Mach deine Augen zu und danke Gott im Himmel, daß du von deiner bösen Herrin, dem schrecklichen Weib, endlich weggehen kannst."
9. Der Hund, der Tag und Nacht auf das Haus seines Herrn aufpassen soll, ist abends so müde, daß er immer schläft, anstatt laut zu bellen.
10. Wissen Sie, warum die traurige Katze nicht an ihre Jugend zurückdenken will und den Mund nicht aufmacht? Sie hat keine Lust, den Mund aufzumachen und den Leuten zu zeigen, daß nichts mehr darin ist.

# 3. Die drei Freunde

# Notes

*Introduction to relative clauses    Comparatives*
*Superlatives    Familiar forms (cont'd.)*
*The present participle    Three meanings of "meinen"*

## I. INTRODUCTION TO RELATIVE CLAUSES

**A.** A few relative clauses have been introduced in the text (and keyed in the facing-page vocabulary) of the two preceding stories. Below is a complete table of the relative pronouns, covering the singular and plural forms in the four cases. You will note that the forms are those of the definite article with five exceptions: the four genitives and the dative plural (des is lengthened to dessen, der to deren, and den to denen).

| | Case | | | |
|---|---|---|---|---|
| | Nominative | Accusative | Dative | Genitive |
| Masculine | . . ., der | . . ., den | . . ., dem | . . ., *dessen* |
| Feminine | . . ., die | . . ., die | . . ., der | . . ., *deren* |
| Neuter | . . ., das | . . ., das | . . ., dem | . . ., *dessen* |
| Plural | . . ., die | . . ., die | . . ., *denen* | . . ., *deren* |
| English | who, which, that | whom, which that | to (in, for, after, etc.) whom, which, that | whose, of whom, of which |

With the exception of the four genitive forms, the der-forms can be replaced with the corresponding welcher-forms:

> der Mann, der / welcher
> das Haus, das / welches
> der Vater, dem / welchem
> etc.

*Note:* To recognize a relative pronoun and thus the fact that you are dealing with a relative clause is easy: unless preceded by a single preposition, a relative pronoun is always preceded by a comma, and the finite verb—as it must be in a dependent clause—is at the end of the clause. If a preposition precedes a relative pronoun, the comma is before the preposition.

> **Das wilde Leben, *das* die drei jungen Männer *führen*, ist in der ganzen Stadt bekannt.** The wild life that the three young men lead is known in the whole town.
>
> **Er klopft an alle Häuser, *in denen* der Tod zu Gast *ist*.** He knocks at all the houses in which Death is a guest (visitor).
>
> **Sie träumen von dem Leben, *das* voller Lust vor ihnen *liegt*.** They dream of the life that lies before them full of joy.
>
> **Jeder nimmt eine der zwei Flaschen, *in denen* der Tod auf sie *wartet*.** Each takes one of the two bottles in which Death is waiting for them.

**B.** As you can see, the relative pronoun agrees in gender and number, singular or plural, with the noun(s) or pronoun(s) to which it refers; its case, however, is determined by its function within its own clause.

> **Das Glas, / mit *dem* ich trinke.** neuter, singular / dative
> **Der Igel, / *dessen* Frau Olga heißt.** masculine, singular / genitive

**C.** If the antecedent is neither a noun nor a pronoun but a word such as **alles, nichts, etwas, viel(es), das** (that), or a substantived neuter adjective denoting the quality of something (see the last example below), the relative pronoun used to refer to such words is **was.**

> ***alles, was* ich habe** everything (that) I have
> **das ist *etwas, was* ich noch nicht weiß** that is something (that) I do not yet know
> **ich habe *nichts, was* ich Ihnen geben kann** I have nothing (that) I can give you
> **es ist nicht genau *das, was* ich suche** it is not exactly that which/what I am looking for
> **es ist *das Beste, was* ich habe** it is the best (that) I have

## II. COMPARATIVES

**A.** The comparative of all German adjectives and adverbs is formed by adding -er to the stem (-r if the stem ends in -e: such as leise). The English *than* after a comparison is expressed by als.

> **Jeder von uns kriegt weni*ger als* die Hälfte.** Each of us gets less than half.

Der Gedanke an das Geld wiegt schwer*er als* die Liebe zum Freund. The thought of the money weighs more heavily than the love for the friend.

Ich kann schnell*er* laufen *als* du. I can run faster than you.

**B.** In a relatively small number of adjectives—which are, however, very common—the comparative forms have umlaut.

Der Tod macht die Armen noch ärmer. Death makes the poor even poorer.

Sind wir zwei nicht stärker als er? Are the two of us not stronger than he?

The following are the most frequently used ajectives of this group:

| | | |
|---|---|---|
| alt, älter | klug, klüger | scharf, schärfer |
| arm, ärmer | (intelligent) | (sharp) |
| dumm, dümmer | krank, kränker | schwach, schwächer |
| groß, größer | (sick) | schwarz, schwärzer |
| hart, härter | krumm, krümmer | stark, stärker |
| hoch, höher | kurz, kürzer | (strong) |
| (high, tall) | lang, länger | warm, wärmer |
| jung, jünger | nah(e), näher | oft, öfter |
| kalt, kälter | (near) | (adv.) (often) |
| | naß, nässer (wet) | |

Six more adjectives *usually* have umlaut:

| | | |
|---|---|---|
| blaß, blässer | gesund, gesünder | rot, röter (red) |
| (pale) | glatt, glätter | schmal, schmäler |
| fromm, frömmer | (smooth) | (narrow) |
| (pious) | | |

**C.** The adjectives and adverbs viel, gut, and gern are irregular in their comparative forms:

viel mehr    gut besser    gern lieber

## III. SUPERLATIVES

**A.** The superlative is formed by adding -st to the stem of the adjective (or to a present participle used as an adjective) and -est if the stem of the adjective ends in a d, t, or an s-sound (s, ß, z, tz, sch); but note that no e is inserted after the adjective ending -isch: selbst der optimistischste Mensch even the most optimistic person. Likewise, no e is used after the final **d** of a present participle or the **t** of a past participle of a so-called weak verb: das reizendste Mädchen   the most charming girl. Examples:

> Der Tod ist unser schlimmster Feind.   Death is our worst enemy.
>
> Wer die niedrigste Karte zieht . . .   He who draws the lowest card . . .
>
> das kälteste Wetter   the coldest weather
>
> selbst der weiseste Mensch   even the wisest person

**B.** Adjectives that have umlaut in the comparative also have it in the superlative.

> Der jüngste zieht die niedrigste Karte.   The youngest draws the lowest card.

**C.** There is another type of superlative used for adjectives and adverbs that always follows the same pattern, regardless of gender, number, or case: am . . . -(e)sten.

> Im Dezember sind die Tage am kürzesten und die Nächte am längsten.   In December the days are the shortest and the nights are the longest.
>
> Die Katze singt schöner, aber der Hahn singt am schönsten.   The cat sings more beautifully (than, say, either donkey or dog), but the rooster sings most beautifully.
>
> Am Äquator ist es am heißesten.   It is hottest on the equator.

**D.** The following adjectives are irregular in the superlative:

| | | | | | |
|---|---|---|---|---|---|
| groß | größt- | gut | best- | hoch | höchst- |
| nah | nächst- | viel | meist- | gern | am liebsten |

---

## IV. FAMILIAR FORMS (cont'd.)

**A.** In speaking to two or more persons with whom one is on particularly informal or intimate terms, German uses the second person plural with e pronoun ihr. The verb ending of the second person plural is -t or, der certain conditions, -et (see Notes I.A.2. to Story 1).

> Ge   diesen Weg entlang, bis ihr einen großen Nußbaum erblickt.   Go along thi  road until you see a large walnut tree.
>
> Dort findet ihr den Tod   Y u will find Death there.

*Note:* The second person  lural of the verb sein is irregular: ihr seid.

**B.** The dative and accusative form of the personal pronoun of the second person plural is **euch.**

> **Gott sei mit euch!** God be with you.

**C.** The basic form of the possessive adjective (and pronoun) is **euer** (your, yours).

> **Wenn euer Herz verlangt, den Tod zu finden ...**
> If your heart desires to find Death ...

## V. THE PRESENT PARTICIPLE

**A.** The present participle is formed by adding -d to the infinitive.

> **lachend** laughing    **schreiend** shouting

**B.** A present or past participle can be used as an adjective. It must then be inflected like other adjectives.

> **ein schnell wirkendes Gift**   a fast-working poison
> **dies muß gestohlenes Gut sein**   this must be stolen property

## VI. THREE MEANINGS OF *MEINEN*

Depending on the context, meinen can mean (a) to say, (b) to think, (c) to mean.

> **„Du hast recht", meint der zweite.** "You are right," *says* the second.
> **„Was meinst du?"** "What do you *think?*"
> **„Ich meine nur dich und mich."** "I *mean* only you and me."

## *Summary of idioms in Story 3 (for later review)*

| | | |
|---|---|---|
| 14 | **wieder einmal** | once again |
| 15 | **auf einmal** | suddenly |
| 28 | **er ist seit langem tot** | he has long been dead |
| 29 | **was für ein ...!** | what a ...! |
| 31 | **nichts als** | nothing but |
| 38 | **recht haben** | to be right |

50 dann muß es uns gelingen   then we must succeed
   es gelingt mir   I succeed
   es gelingt ihm   he succeeds
51 noch ein Glas!   one more glass! another glass!
56 aufs Land   to the country
   auf dem Land   in the country
66 bei deinem Alter   at your age
105 er ist außer sich vor Freude   he is beside himself with joy
   ich bin außer mir   I am beside myself
122 sich Sorgen machen   to worry
   ich mache mir große Sorgen   I worry a lot
132 sich auf den Weg machen   to set out on one's way, to leave
140 im Sinn haben   to have in mind
151 um den Hals fallen   to embrace
   er fällt ihm/ihr um den Hals   he embraces him/her
173 heute nacht   tonight
178 an die Arbeit gehen   to go to work
182 trinken auf + acc.   to drink to

## Prereading vocabulary

Study this list before you begin to read Story 3.

### Basic words

das Mädchen, -  girl
der Nachmittag, -e  afternoon
sprechen (spricht)  to speak
wünschen  to wish

### Cognates

die Apotheke, -n  apothecary's
   shop, pharmacy, drugstore
der Apotheker, -  apothecary,
   druggist
das Brot, -e  bread
der Bruder, -  brother
die Brust, -e  breast, chest
die Familie, -n  family
der Feind, -e  enemy, fiend

das Fleisch  flesh, meat
der Fuchs, -e  fox
die Gans, -e  goose
der Gast, -e  guest
das Gold  gold
das Grab, -er  grave
das Gras, -er  grass
das Haar, -e  hair
die Karte, -n  card; map
das Knie, -  knee
das Land, -er  land, country
die Liebe  love
der Mittag, -e  noon, midday
die Mutter, -  mother
die Not, -e  need
die Nuß, die Nüsse  nut

der Plan, ¨e  plan
das Problem, -e  problem
die Seite, -n  side; page
das Silber  silver
der Sohn, ¨e  son
der Stahl  steel
der Stall, ¨e  stall, pen, stable
der Stock, ¨e  stick; cane
die Tochter, ¨  daughter
der Ton, ¨e  tone
der Vater, ¨  father
der Wagen, -  wagon, carriage;
   car

grau  gray
nächst-  next, nearest
scharf  sharp
weise  wise
wild  wild

brechen (bricht)  to break
bringen  to bring
halten (hält)  to hold
hängen  to hang
küssen  to kiss
wandern  to wander, hike, walk

(an)statt  instead
wohl  well

| | | |
|---|---|---|
| 1 | die Erzählung, -en | tale, story |
| 2 | vierzehnt- | fourteenth |
| | das Jahrhundert, -e | century |
| 4 | das Gasthaus, ̈er | inn |
| 7 | bekannt | known, well known |
| | sich sorgen | to worry |
| 8 | fürchten | to fear, be afraid |
| 13 | auf ihre eigene Weise | in their own way |
| | eigen | own |
| | die Weise, -n | way, manner |
| | genießen | to enjoy |
| 14 | jener, jene, jenes | that |
| | wieder einmal | once again |
| 15 | auf einmal | suddenly |
| 16 | draußen | outside |
| 17 | das Glöcklein, - | little bell |
| | die Glocke, -n | bell |
| | erblicken | to see |
| 18 | der Zug, ̈e | procession |
| 19 | der Leichenwagen, - | hearse |
| | die Leiche, -n | corpse |

# 3. Die drei Freunde

## 1.

Die folgende Geschichte ist eine Erzählung aus dem vierzehnten Jahrhundert.

Drei junge Männer sitzen schon früh am Morgen in einem Gasthaus. Sie spielen Karten, trinken ein Glas Wein nach dem anderen und lachen über Gott und Teufel. Das wilde Leben, das sie führen, ist in der ganzen Stadt bekannt. Die Mütter sorgen sich und fürchten für ihre Töchter, und jeder Vater wünscht den dreien ein frühes Ende. Sie aber lachen nur und trinken weiter. Jeden Tag findet die Morgensonne sie in einem anderen Gasthaus, wo sie bis in die Nacht bei Karten und Wein sitzen und das Leben auf ihre eigene Weise genießen.

Wie sie an jenem Morgen wieder einmal den Tag mit einer Flasche Wein beginnen, hören sie auf einmal draußen auf der Straße den hellen Ton eines Glöckleins. Sie sehen durch das Fenster und erblicken einen kleinen Zug von Menschen, die langsam einem Leichenwagen folgen. An der Spitze des Zuges geht eine Frau mit zwei jungen Mädchen. Es

| | |
|---|---|
| 21 | hinaus  out |
| 22 | befehlen (befiehlt)  to command |
| | der Gastwirt, -e  innkeeper |
| | der Wirt, -e  innkeeper |
| 23 | wen man (da) zu Grabe trägt  whom they are carrying to his grave |
| | das Grab, ⁻er  grave |
| 24 | berichten  to report |
| | ihr Herren!  gentlemen |
| 25 | der Bauer, -n or -s, -n  peasant, farmer |
| 26 | nah  near(by) |
| | das Dorf, ⁻er  village |
| | der Tote, -n, -n  dead man |
| | einzig (adj.)  only |
| 28 | die Ruhe  rest |
| | ist seit langem tot  has long been dead |
| 29 | was für ein ...!  what a ...! |
| 31 | nichts als  nothing but |
| | die Armut  poverty |
| 32 | schade!  it's a pity; too bad! |
| | hübsch  pretty |
| 33 | verdienen  to deserve |
| | wahr  true |
| | entgegnen  to reply |
| 34 | bösest-  worst |
| 36 | die Armen  the poor |
| 37 | heiraten  to marry |
| 38 | recht haben  to be right |
| | meinen  here: to say |
| | zweit-  second |
| 41 | die Lust  joy, enjoyment |
| | plötzlich  sudden(ly) |
| 44 | schlimmst-  worst |
| | schlimm  bad |
| 45 | der Held, -en, -en  hero |
| 47 | beschließen  to resolve; decide |
| | trotz  in spite of, despite |
| | die Gefahr, -en  danger |
| 48 | suchen  to look for |
| | einander  one another, each other |

| | |
|---|---|
| 49 | die Not, ⁻e  need, trouble |
| 50 | es muß uns gelingen  we must succeed |
| 51 | noch ein  one more |

ist eine Mutter mit ihren Töchtern. „Geh hinaus", befehlen die drei jungen Leute dem Gastwirt, „und frage, wen man da zu Grabe trägt!" Der Wirt kommt bald zurück und berichtet: „Hört, ihr Herren! Ich kenne die Leute gut. Es sind Bauern aus einem nahen Dorfe. Der Tote ist der einzige Sohn einer armen Familie, den seine Mutter und seine Schwestern zur letzten Ruhe bringen. Der Vater ist seit langem tot. Ach, die armen Frauen! Was für ein trauriges Leben liegt jetzt vor ihnen! Auf sie wartet nichts als schwere Arbeit und bittere Armut."— „Schade!" sagt der erste; „die hübschen Mädchen verdienen etwas Besseres."—„Das ist wahr", entgegnet der Wirt; „der Tod ist wirklich unser bösester Feind. Er nimmt den Vater und den Sohn und Bruder und macht die Armen ärmer. Wer wird die beiden Schwestern jetzt heiraten wollen?"—„Du hast recht", meint der zweite; „der Tod wartet auf uns alle. Ich möchte trinken, trinken, Tag und Nacht trinken, ohne zu fürchten, daß der Tod kommt und meiner Lust ein plötzliches Ende macht. Wie kann ich wirklich froh sein, wenn ich weiß, daß der Tod noch lebt?"—„Bei Gott!", ruft der dritte; „es ist wahr, der Tod ist unser schlimmster Feind. Ha! Warum den Tod nicht töten und große Helden werden? Kommt, Brüder, gebt mir eure Hand und laßt uns beschließen, trotz aller Gefahren den Tod zu suchen und zu fangen! Wenn wir einander helfen und versprechen, in Not und Gefahr einander nicht zu verlassen, dann muß es uns gelingen. Kommt, Brüder, noch ein Glas, aber diesmal auf den Tod des

| 55 | lachend | laughing |
|----|---------|----------|
| 56 | aufs Land | to the country |
| | eilen | to hurry |
| 58 | schütteln | to shake |
| 59 | etwa | about, approximately |
| | treffen (trifft) | to meet |
| 60 | die Landstraße, -n | highway; country road |
| 61 | entlang | along |
| | die Farbe, -n | color |
| 62 | bleich | pale |
| 64 | Gott sei mit euch! | God be with you! |
| 66 | das Alter, - | age, old age |
| 68 | der Tod, der | Death, who |
| | erwidern | to reply |
| 69 | der Alte, -n, -n | old man |
| 73 | ruhelos | restless(ly) |
| | klopfen | to knock |
| 74 | in denen | in which |
| 76 | bitten | to ask, beg |
| | das Reich, -e | realm, kingdom |

Todes, und dann hinaus nach jenem Dorf, um ihn zu fangen und zu töten!"

## 2.

54 Der Wirt steht an der Tür seines Gasthauses und sieht, wie die drei laut lachend und wild schreiend aufs Land hinauseilen, um den Tod zu fangen.
57 „Solch wilde Freude nimmt ein wildes Ende", sagt er und schüttelt weise den grauen Kopf.

Nach etwa einer Stunde treffen die drei einen
60 alten Mann, der langsam an einem Stock die Landstraße entlanggeht. Die Farbe seines Haares ist weiß, sein Gesicht ist bleich, sein Rücken krumm.
63 Wie er die drei erblickt, bleibt er stehen und grüßt sie freundlich: „Gott sei mit euch, ihr jungen Herren!"—„Haha! Gott mit uns?" lacht der eine.
66 „Sag, was tust du hier ganz allein bei deinem Alter? Warum bist du noch nicht tot? Ich glaube, du bist der Tod, der Menschen sucht."—„Ach nein", er-
69 widert der Alte, „ich bin nur so alt, weil es Gottes Wille ist, daß ich so lange lebe, und deshalb muß ich mein Alter tragen, bis der Tod mich holen kommt.
72 Aber er will nicht kommen, und so wandere ich ruhelos von Dorf zu Dorf und klopfe früh und spät mit meinem Stock an alle Häuser, in denen der Tod
75 zu Gast ist. Doch jedesmal, wenn ich ihn finde und ihn bitte, mich in sein Reich zu nehmen, höre ich ihn sagen: ‚Nein, Alter, deine Zeit ist noch nicht zu
78 Ende.'—Nun aber laßt mich weiterwandern, ihr Herren!"—„Nein, Alter", sagt der zweite, „nicht so

80 Mensch   human being
81 der Diener, -   servant
   des Todes, der   of Death, who
82 wen   whom
84 der Narr, -en, -en   fool
87 sogleich   at once
90 verlangen   to demand
92 der Nußbaum, ⁻e   (wal)nut tree
97 von fern   from afar
   fern   far, distant
100 statt   instead of
102 der Schatz, ⁻e   treasure
   das Goldstück, -e   gold coin
103 das Silberstück, -e   silver coin
   hüpfen   to hop, jump
105 glänzen   to glitter, shine
   außer sich vor Freude
   beside themselves with joy
107 das Glück   luck, good fortune;
   happiness

schnell! Kein Mensch kann so alt sein wie du.
81 Du bist kein Mensch, sondern der Diener des Todes,
der dich hinausschickt, um ihm zu berichten, wen er
in sein dunkles Reich holen soll."—„Ha!" ruft der
84 dritte; „du bist ein Narr, wenn du denkst, daß wir dir
glauben. Der Tod läßt dich so lange leben, weil er
dich braucht, du böser Feind der Menschen! Wenn
87 du uns nicht sogleich sagst, wo dein Herr ist, schlagen wir dich tot! Sprich oder stirb!"—„Nun, ihr
Herren", entgegnet der Alte und schüttelt traurig
90 den Kopf, „wenn euer Herz verlangt, den Tod zu
finden, dann geht diesen Weg entlang, bis ihr auf
der rechten Seite einen großen Nußbaum erblickt.
93 Unter diesem Baum wohnt und wartet der Tod. Dort
werdet ihr ihn finden. Gott sei mit euch, ihr Herren!"
Wild lachend eilen die drei den Weg entlang.


*3.*

96 Sie laufen so schnell ihre Beine sie tragen können.
Schon von fern erblicken sie den Nußbaum, der allein
auf einem weiten Felde steht. Sie gehen langsam
99 und leise, um den Tod nicht zu wecken, der vielleicht
unter dem Baum schläft. Sie suchen, aber statt des
Todes finden sie unter den Büschen am Fuß des
102 Baumes einen herrlichen Schatz von Gold- und
Silberstücken. Sieben volle Säcke! Das Herz hüpft
ihnen vor Freude in der Brust, als sie den Schatz in
105 der Sonne glänzen sehen. Sie sind so außer sich vor
Freude, daß sie sogleich den Tod vergessen und an-
fangen, das Geld zu zählen. Was für ein Glück! Sie

| 108 | der Berg, -e | mountain |
|---|---|---|
| 109 | angenehm | pleasant |
| 110 | die Sorge, -n | worry, care |
| 112 | sicher | safe(ly) |
| 115 | die Strafe, -n | punishment |
| 116 | wohl | well |
| | nächst- | nearest, next |
| 117 | damit | with that |
| 118 | richtig | right, correct |
| 119 | sicher | certain(ly) |
| | das Gut, ̈er | property, goods |
| 120 | der Grund, ̈e | reason |
| 121 | gehören | to belong |
| 122 | sich Sorgen machen | to worry |
| 123 | lösen | to solve |
| 125 | im geheimen | in secret |
| | der Rat, die Ratschläge | advice |
| 129 | das Mittagessen, - | lunch |
| | der Mittag | noon, midday |
| | das Essen | meal, food |
| | das Abendbrot = das Abendessen | |
| 130 | entscheiden | to decide |
| | wer | he who, whoever |
| | niedrig | low |
| 131 | ziehen | to pull, draw |
| | mischen | to mix, shuffle |
| 132 | macht sich auf den Weg | sets out on his way |
| 134 | sobald | as soon as |
| | fort | away, gone |
| | zu-hören | to listen |
| 135 | gleich | equal |

108 stehen vor den Bergen von Gold und Silber und träumen mit weit offenen Augen von dem angenehmen Leben, das ohne Sorgen und voller Lust vor
111 ihnen liegt. Da sagt plötzlich der eine: „Dies muß gestohlenes Geld sein. Wie können wir es sicher nach Haus in die Stadt bringen? Es ist kein kleines Pro-
114 blem. Wenn die Leute uns sehen, werden sie glauben, daß wir Diebe sind, und ihr kennt die Strafe für Diebe wohl: man wird uns sofort an den nächsten
117 Baum hängen. Und damit ist dann unser frohes Leben zu Ende, bevor es anfängt.“—„Richtig“, sagt der zweite; „das Geld ist sicher gestohlenes Gut,
120 aber das ist wirklich kein Grund, warum der Schatz nicht uns gehören sollte.“—„Du hast recht“, spricht der älteste. „Aber macht euch keine Sorgen! Das
123 Problem ist leicht zu lösen. Wir brauchen nur zu warten, bis die Nacht kommt. Dann tragen wir die Säcke im geheimen in die Stadt. Mein Rat ist, daß
126 zwei von uns hier bei dem Schatz bleiben und auf das Geld aufpassen, und daß der dritte in die Stadt geht, um etwas Brot, Fleisch und Wein für unser
129 Mittagessen und Abendbrot zu kaufen. Hier, laßt die Karten entscheiden! Wer die niedrigste Karte zieht, soll in die Stadt gehen.“ Er mischt die Karten.
132 Der jüngste zieht die niedrigste Karte und macht sich auf den Weg zur Stadt.

## 4.

Sobald der jüngste fort ist, spricht der älteste: „Hör
135 gut zu, Bruder! Wenn wir das Geld in drei gleiche

| 136 | der Teil, -e | part |
| | teilen | to divide |
| | kriegen | to get |
| | weniger | less |
| | wenig | little |
| 137 | die Hälfte, -n | half |
| 139 | der andere, der | the other, who |
| 140 | im Sinn(e) haben | to have in mind |
| 142 | der Dummkopf, ⁻e | blockhead, dumbbell |
| 145 | erklären | to explain |
| 146 | zurück-kehren | to return |
| | um-bringen | to kill |
| 147 | die Gewalt, -en | power |
| 148 | stark | strong |
| | das Messer, - | knife |
| 149 | durch-führen | to carry out |
| 151 | auf-stehen | to get up |
| | um den Hals fallen | to embrace |
| | der Hals, ⁻e | neck |
| 152 | als ob | as if |
| | küssen | to kiss |
| | fest-halten | to hold fast |
| 153 | der Augenblick, -e | moment |
| | stoßen (stößt) | to thrust, push |
| 154 | spitz | pointed, sharp |
| | was meinst du? | what do you think? |
| 156 | der Gedanke, -ns, -n | thought |
| | wiegen | to weigh |
| 157 | die Liebe zu | the love for |
| 159 | indessen | meanwhile |
| 164 | die Salbe, -n | ointment, salve |
| | mein Knie, das | my knee, which |
| 165 | verletzt | injured |
| | schmerzen | to hurt |

Teile teilen, dann kriegt jeder von uns weniger als
die Hälfte. Glaubst du nicht, daß es vielleicht besser
138 ist, wenn jeder eine Hälfte behalten kann?"—„Natürlich", entgegnet der andere, der nicht sofort versteht, was sein Freund im Sinn hat; „nur verstehe
141 ich nicht, wie es möglich ist, daß jeder von uns dreien
eine Hälfte bekommt."—„Du Dummkopf!" antwortet der erste; „ich meine nicht jeden von uns
144 d r e i e n. Ich meine nur uns beide, dich und mich.
Hör gut zu!" Und nun erklärt er, was er meint:
„Wenn unser Freund zurückkehrt, bringen wir ihn
147 um. Ist er nicht in unserer Gewalt? Sind wir zwei
nicht stärker als er? Siehst du dieses scharfe Messer
hier? Ich will dir sagen, wie wir unseren Plan durch-
150 führen können. Wenn unser Freund aus der Stadt
kommt, dann stehe auf und falle ihm um den Hals,
als ob du ihn vor Freude küssen willst. Dann hältst
153 du ihn fest, und in diesem Augenblick stoße ich ihm
den spitzen Stahl in den Rücken. Was meinst du?
Denke an das herrliche Leben, das wir beide dann
156 führen können!" Der Gedanke an das Geld wiegt
schwerer als die Liebe zum Freund, und so beschließen beide, den dritten zu töten.

159 Indessen eilt der jüngste zur Stadt und denkt:
„Warum soll ich das Geld mit den anderen teilen? Ist
es nicht besser, wenn ich a l l e s für mich behalte?"
162 In der Stadt kauft er Brot, Fleisch und drei Flaschen
Wein. Dann geht er in die nächste Apotheke. „Für
mich selbst brauche ich etwas Salbe für mein Knie,
165 das verletzt ist und das sehr schmerzt", sagt er zu
dem Apotheker, „und dann möchte ich ein starkes

167 wirkend working
    wirken to have an effect,
    to work
    das Gift, -e poison
168 brechen (bricht) to break
    die Gans, ¨e goose
169 fressen (frißt) to eat (of an
    animal, or like one)
170 gießen to pour
172 stecken to put, place
    die Tasche, -n pocket
173 heute nacht tonight
176 an-kommen to arrive
177 während while
    das Eisen iron
178 der Leib, -er body
179 graben (gräbt) to dig
    in dem in which
180 trinken auf to drink to
181 die Zukunft future
182 ..., in denen in which
183 die Gesundheit health
185 der Tau dew
    die Blume, -n flower

und schnell wirkendes Gift, denn", erklärt er, „die
Füchse brechen oft in meinen Gänsestall und
fressen meine Gänse." Wie er wieder aufs Land
kommt, gießt er das Gift in die zwei Flaschen für
seine zwei Freunde. Die dritte Flasche behält er für
sich selbst und steckt sie in die Tasche, denn er wird
sie heute nacht brauchen, wenn er ganz allein die
schweren Geldsäcke nach Haus tragen muß.

Brauchen wir mehr zu sagen? Wie er am frühen
Nachmittag ankommt, fällt ihm der eine Freund um
den Hals, während der andere ihm das kalte Eisen
in den Leib stößt. Bevor die beiden an die Arbeit
gehen und das Grab graben, in dem sie ihren Freund
zur letzten Ruhe legen, beschließen sie, auf eine
frohe Zukunft zu trinken. Jeder nimmt eine der zwei
Flaschen, in denen der Tod wartet, und trinkt auf
die Gesundheit des anderen.

Am nächsten Morgen scheint das Licht der Sonne
auf den Tau im Gras, die Blumen auf dem Felde und
auch auf die stillen, bleichen Gesichter der drei
Freunde.

Der Tod, wenn man ihn sucht, ist leicht zu finden.

# *Übungen*

*1.*

1. Aus welcher Zeit ist die Erzählung?
2. Was machen die drei jungen Männer im Gasthaus?
3. Wo findet sie die Morgensonne jeden Tag?
4. Was hören sie draußen auf der Straße?
5. Wer folgt dem Leichenwagen?
6. Wer ist der Tote?
7. Was liegt jetzt vor den Frauen?
8. Was möchte der zweite junge Mann die ganze Zeit tun?
9. Was will der dritte junge Mann mit dem Tod tun?
10. Was beschließen die drei jungen Leute?

*2.*

11. Was sagt der Wirt, als die drei das Gasthaus verlassen?
12. Wann treffen sie den alten Mann?
13. Beschreiben Sie (describe) den alten Mann!
14. Was fragt der erste den alten Mann?
15. Worum (for what) bittet der alte Mann den Tod?
16. Warum will der Tod den Alten nicht nehmen?
17. Warum—so denkt der dritte—läßt der Tod den alten Mann so lange leben?
18. Was wollen die drei mit dem Alten tun, wenn er ihnen nicht sogleich sagt, wo der Tod ist?
19. Wo werden die drei jungen Leute den Tod finden?
20. Was macht der Tod dort?

*3.*

21. Wie schnell laufen die drei?
22. Was sehen sie von fern?
23. Warum gehen sie langsam und leise?
24. Was finden sie statt des Todes?
25. Wovon (of what) träumen sie?
26. Was werden die Leute glauben, wenn sie die drei mit dem Geld in die Stadt gehen sehen?
27. Was müssen sie tun, damit (so that) niemand sie sieht?

28. Warum sollen zwei bei dem Schatz bleiben?
29. Was soll der dritte in der Stadt machen?
30. Wer soll in die Stadt gehen?

*4.*

31. Was bekommt jeder, wenn sie das Geld in drei gleiche Teile teilen?
32. Was versteht der andere nicht?
33. Was soll der zweite tun, wenn der Freund aus der Stadt zurückkehrt?
34. Was soll der älteste dann tun?
35. Was wiegt schwerer als die Liebe zum Freund?
36. Was beschließen beide?
37. Was verlangt der jüngste in der Apotheke?
38. Was macht er mit dem Gift?
39. Was macht er mit der dritten Flasche?
40. Was beschließen die zwei Freunde, bevor sie an die Arbeit gehen?
41. Worauf (on what) scheint das Licht der Sonne am nächsten Morgen?

## II. WORTBILDUNG

**A.** Here are a few more commonly used German words of non-Germanic origin. None of them needs comments. As before, note the accentuation and genders.

| | | |
|---|---|---|
| das Kilogramm, -e | das Material, | der Muskel, -n |
| das Kilo; | Materialien | das Theater, - |
| das Gramm | das Aspirin | der Traktor, |
| der Kilometer, - | die Tablette, -n | Traktoren |
| das/der Liter, - | der Pullover, - | das Paket, -e |
| das/der Meter, - | die Epoche, -n | der Film, -e |
| die Limonade, -n | der Sport, -e | die Medizin, -en |
| die Maschine, -n | der Kakao | die Elektrizität |
| | (pronounce | |
| | like Kakau) | |

**B.** After reviewing the guidelines for the recognition of cognates in the *Übungen* of Story 2, try your hand at the list below. You know the meanings of the words because they all have appeared in the preceding three stories. Yet, these meanings are obviously not the corresponding English cognates. Which, then, are the cognates? Jot down your solutions or guesses on a piece of paper and check them afterward against the answers printed upside down at the end of the list. To facilitate your task, the key consonants are in italics.

*Note:* Don't feel inadequate if you do not get too many words. Some are indeed difficult, especially as it is not always easy to see the connection between the cognate pairs. This is because quite often the original basic meaning has become obscured or has changed in the course of the many centuries of the evolution of the two languages.

1. Bein   leg
2. Flasche   bottle
3. kur*z*   short
4. wachsen   grow
5. *Z*ei*t*   time
6. *G*eld   money
7. faul   lazy
8. Hund   dog
9. Lust   pleasure
10. schla*g*en   beat
11. *schw*arz   black
12. *Schw*ein   pig
13. ster*b*en   die
14. *T*al   valley
15. *T*isch   table
16. *t*raurig   sad
17. Wei*b*   woman
18. wei*ch*   soft
19. *Z*ei*t*ung   newspaper
20. *Z*immer   room
21. *Zw*eig   branch
22. Blume   flower
23. Feind   enemy
24. Fleisch   meat
25. Gift   poison
26. Mädchen   girl
27. nah(e)   near
28. Sorge   worry
29. su*ch*en   look for
30. *Z*ug   procession, train, march (derived from ziehen   to pull)
31. *t*eilen   divide, share

C. The suffixes -chen and -lein can be added to many nouns to form diminutives. They then always become das-words (neuter) with the plural form being the same as the singular. The stem vowel has umlaut whenever the vowel lends itself to it. The following list contains nouns used without suffix in Stories 1, 2, and 3; studying them will at the same time provide a review of their meanings.

27. nigh 28. sorrow 29. to seek 30. tug 31. to deal
19. tiding(s) 20. timber 21. twig 22. bloom 23. fiend 24. flesh 25. gift 26. maid(en)
11. swart(hy) 12. swine 13. to starve 14. dale 15. dish 16. dreary 17. wife 18. weak
1. bone 2. flask 3. curt 4. to wax 5. tide 6. yield 7. foul 8. hound 9. lust 10. to slay

| | |
|---|---|
| das Häuschen, -lein | das Dörfchen, -lein |
| das Händchen | das Beinchen |
| das Fläschchen, -lein | das Stückchen, -lein |
| das Tischchen, -lein | das Glöcklein, -chen |
| das Gärtchen, -lein | das Städtchen, -lein |
| das Äuglein | das Zimmerchen |
| das Gesichtchen | das Schweinchen |
| das Füßchen | das Köpfchen |
| das Säckchen, -lein | das Gläschen |
| das Hündchen, -lein | das Männlein, -chen |
| das Kätzchen | das Frauchen |
| das Endchen | das Weiblein, -chen |
| das Mäuslein, -chen | das Väterchen |
| das Näschen, -lein | das Mütterchen, -lein |
| das Liedchen | das Söhnchen |
| das Blümchen, -lein | das Töchterchen, -lein |
| das Füchslein, -chen | das Brüderchen, -lein |
| das Bäumchen | das Schwesterchen, -lein |

*Note:.* These so-called "diminutives" do not always indicate diminution in size. They are often used as affectionate terms, especially in regard to children and family members. And some of the diminutives do not primarily indicate smallness or endearment. For instance, **Fräulein** is simply the equivalent of *Miss* and designates an unmarried woman, regardless of size or age; **Brötchen** is a roll; a **Mütterchen** may not be a mother at all, but rather a little old woman; **Männchen** and **Weibchen** are used to distinguish the sexes in the animal world; **Herrchen** and **Frauchen** are to a dog the names of his or her master or mistress.

## III. SYNTAKTISCHE ÜBUNGEN

1. „So alt wie du kann nur jemand sein, der kein Mensch ist."
2. Wird es ihnen gelingen, den Tod zu töten, den sie suchen und finden wollen?
3. Sind die zwei Freunde, denen der jüngste die Weinflaschen gibt, so schlecht wie er oder noch schlechter?
4. Auf dem Land treffen die drei einen Alten, dessen Haar ganz weiß ist und der langsam an einem Stock die Straße entlanggeht.

5. Um den Tod nicht zu wecken, weil er vielleicht am Fuße des Baumes schläft, gehen sie so leise wie möglich.

6. Wie die drei den Schatz, der—so glauben sie—jetzt ihnen gehört, in die Stadt bringen können, wissen sie noch nicht; nur in der Nacht und ganz im geheimen werden sie es ohne Gefahr tun können.

7. Wird man sie hängen, wenn man sieht, daß sie Diebe sind, denen der Schatz nicht gehört?

8. Der zweite Freund ist ein Dummkopf, der nicht alles versteht, was der erste Freund, der älteste der drei, ihm erzählt.

9. Die Töchter, deren Vater seit langem tot ist, folgen mit ihrer Mutter dem Leichenwagen, in dem der Bruder liegt, welchen sie nun zur letzten Ruhe bringen.

10. Für die, welche ihn fürchten, ist der Tod, wenn er zu ihnen kommt, der schlimmste Feind.

# 4. Der schlaue Kaufmann

# Notes

## I. REFLEXIVE PRONOUNS

**A.** You will recall the following short sentences:

Der Hase reibt *sich* die Augen.   The hare rubs his eyes.
Ich schäme *mich* wegen meiner Zähne.   I am ashamed because
of my teeth.
Unsere Freunde setzen *sich* an den Tisch.   Our friends sit
down at the table.
Die Mütter sorgen *sich*.   The mothers are worried.
Macht *euch* keine Sorgen!   Don't worry!

The words in italics by themselves are simple personal pronouns. But in the context of the sentences and in conjunction with the verbs, their function is reflexive; that is, they indicate that the action of the verb is reflected back upon the subject and that they themselves are the object, direct or indirect, of the verb. The constructions are so-called reflexive constructions, and the verbs are called reflexive verbs.

**B.** With the exception of the third person singular and plural, the reflexive pronouns are the same as the personal pronouns:

mir   mich        uns   uns
dir   dich        euch   euch

There is just one form for both the dative and accusative of the third person singular and plural, which includes the formal Sie-form: **sich.**

**C.** If the reflexive pronoun is the direct object of the verb, it is—obviously—in the accusative case.

Ich wasche mich jeden Morgen.   I wash (myself) every morning.
Warum setzt du dich nicht?   Why don't you sit down (i.e., set
yourself down)?

When the reflexive object is *not the direct object* of the sentence, that is, when the verb has a direct object other than the pronoun, the dative case of the pronoun is used.

Ich wasche mir jeden Morgen das Gesicht. I wash my face
every morning.
Warum reibst du dir die Augen? Why do you rub your eyes?

**D.** When reflexive pronouns are used in English—which is not often—
they are expressed by *myself, yourself, himself, herself, itself, ourselves, yourselves, themselves.*

Er schließt sich in sein Zimmer. He locks himself into his room.
Die gleiche Szene wiederholt sich. The same scene repeats
itself.

More often, the reflexive meaning is understood in English.

Die Preise ändern sich. The prices change.
Sie wundern sich über ihre Dummheit. They are surprised at
their stupidity.
Ärgert er sich oder freut er sich? Is he annoyed or is he glad?

Sometimes English expresses the reflexive meaning in other ways.

Er setzt sich. He sits down.
sich erkälten   to catch cold
sich unterhalten   to have a chat

As the above examples show, the reflexive meaning of a verb is almost
always understood in English and therefore the reflexive pronouns are
omitted. In German, however, it is always expressed through the reflexive pronouns.

**E.** In noninverted main clauses, the reflexive pronoun immediately
follows the finite verb.

Er schließt sich in sein Zimmer.
Ich wasche mir jeden Morgen das Gesicht.

In main clauses with inversion and in dependent clauses, the reflexive
pronoun *follows* a pronoun subject but *precedes* or *follows* a noun
subject.

Warum setzt *er sich* nicht?
Dann reibt *er sich* die Augen.
Ich weiß, daß *sie sich* um (about) ihre Töchter sorgen.

Warum setzt *sich der Mann* nicht? Warum setzt *der Mann*
*sich* nicht?
Dann reibt *sich der Hase* die Augen. Dann reibt *der Hase sich*
die Augen.

Ich weiß, daß *sich die Mütter* sorgen. Ich weiß, daß *die Mütter sich* sorgen.

## II. *KENNEN* VS. *WISSEN*

Kennen means to be acquainted with someone or something, to be able to recognize a person or a thing.

Die Zollbeamten *kennen* die Preise aller Waren.
The customs officials know the prices of all goods.

Wissen means to know *about* something, to have information about something.

Die Zollbeamten *wissen* genau, wieviel dies oder das wert ist.
The customs officials know exactly how much this or that is worth.

## III. *DA*

Da can mean:
here, there

Ich bin schon *da!* I am already here.
Frage, wen man *da* zu Grabe trägt. Ask whom they are carrying to his grave there.

then

*Da* sagt plötzlich der eine . . . Then, suddenly, one of them says . . .

since (as a subordinating conjunction)

*Da* aber der Preis immer noch sehr niedrig ist . . . But since the price is still very low . . .

when

Jemand öffnet gerade den Mund, *da* sagt der Freund des Kaufmanns auf einmal . . .
This meaning of da is not very frequent.

## IV. WÄHREND

Während is a preposition and requires the genitive case.

während des Krieges   during the war

It is, however, also a subordinating conjunction meaning *while*.

Während er sich die Hände reibt ...   While he is rubbing his
hands ...

## Summary of idioms in Story 4 (for later review)

1   ins Ausland reisen   to go, travel abroad
7   aus dem Ausland   from abroad
    im Ausland wohnen   to live abroad
16   mit dem Auto   by car
17   mit dem Flugzeug   by plane
40   es hat wenig Zweck, es hat keinen Zweck   there is little *or* no
    point
45   Sinn für Humor   sense of humor
61   um das Jahr 1815   around the year 1815
    in Europa ist das anders   it's different in Europe
63   es gibt   there is; there are
84   zum Tageskurs   at the day's rate of exchange
96   auf diese Weise   in this way, manner
97   einmal im Monat   once a month
116   sich wundern über + *acc.*   to be surprised at
123   nahe an der Grenze   near the border
147   Vielen Dank!   many thanks, thank you very much!
156   zu Mittag essen   to have lunch
167   am Abend   in the evening
171   sich freuen auf + *acc.*   to look forward to
196   da stimmt etwas nicht   there is something wrong there

## Prereading vocabulary

Here is another list of words—some basic, the others easy cognates—
with which you should be familiar before beginning to read the next
story.

(das) Amerika
der Arm, -e   arm
das Auto, -s
das Bett, -en   bed
das Ding, -e   thing
die Dummheit, -en   stupidity
die Eltern (pl.)   parents
die Feder, -n   feather; pen
die Halle, -n   hall
der Humor   humor
die Inflation
die Liste, -n
die Mitternacht   midnight
das Paar, -e   pair
das Papier, -e   paper
der Paß, die Pässe   passport,
  pass
die Pause, -n
die Polizei
der Polizist, -en, -en
  policeman
der Profit, -e
das Prozent, -e   percent
der Raum, ⁻e   room; space
der Soldat, -en, -en   soldier
der Stein, -e   stone
die Summe, -n   sum
das System, -e
die Szene, -n
der Trick, -s
der Wert, -e   worth, value
das Zeichen, -   sign, signal
die Zigarre, -n
die Zigarette, -n
der Zoll, ⁻e   toll; customs duty

amerikanisch
blind
doppelt   double

enorm
fein   fine
interessant
kompliziert   complicated
offen   open
rot   red
sauer   sour
schlau   sly, clever
teuer   expensive

fühlen   to feel
gewinnen   to win
hindern   to hinder
kosten   to cost
organisieren   to organize
öffnen   to open
schreiben   to write

bitte   please
hinter   behind

schlau   clever; sly
der Kaufmann, die Kaufleute
  merchant, businessman
1  die Ferien (pl.)   vacation(s)
   ins Ausland   abroad
     das Ausland   foreign
     country
   reisen   to travel
2  überall   everywhere
   lauter   all sorts of
3  weniger   less
4  davon   of them
   entweder ... oder
   either ... or
5  das Geschenk, -e   present, gift
7  der/die Bekannte, -n, -n
     acquaintance
9  das Kaufhaus, -er
     department store
10  selbst (preceding a noun or
     pronoun)   even
   das Spezialgeschäft, -e
     specialty store
   das Geschäft, -e
     business, store
11  der Koffer, -   suitcase
14  die Grenze, -n   border
15  die Überraschung, -en
     surprise
16  das Beispiel, -e   example
17  das Flugzeug, -e   airplane
   die Reise, -n   travel
19  früher oder später
     sooner or later
   irgendein   some
   das Zollamt, -er
     customs office, customhouse
20  der Verkehr   traffic
21  sogar   even

# 4. Der schlaue Kaufmann

## 1.

Wenn wir Ferien haben und ins Ausland reisen,
sehen wir überall lauter Dinge, die uns gefallen,
die wir kaufen möchten und die weniger kosten als
zu Hause. Manche davon kaufen wir, entweder für
uns selbst oder als Geschenke für unsere Familie,
Eltern, Brüder und Schwestern, oder für unsere
Freunde und Bekannten. Ein Geschenk aus dem
Ausland, das man nur dort findet, ist immer interes-
santer als etwas, was man in jedem Kaufhaus oder
selbst in einem Spezialgeschäft zu Haus bekommen
kann. Mit all diesen Dingen in unseren Koffern und
wenig Geld in unseren Taschen kehren wir am Ende
der Ferien aus dem Ausland zurück und kommen
zur amerikanischen Grenze. Was wartet dort auf
uns? Eine kleine Überraschung.

Wir kommen z. B. (zum Beispiel) mit dem Auto
oder dem Flugzeug von einer Ferienreise nach
Mexiko zurück. Wenn mit dem Auto, so müssen wir
früher oder später an irgendeinem Zollamt halten.
Hier steht die Polizei (keine Verkehrspolizisten
natürlich), höflich und vielleicht auch sogar freund-

| | | | |
|---|---|---|---|
| 22 | prüfen  to check, examine | 43 | höchst  highly |
| | zunächst  first (of all) | | unangenehm  unpleasant |
| 23 | wichtig  important | 45 | Sinn für Humor  sense of |
| 24 | damit  with that | | humor |
| | der Beamte, -n, -n  official | 46 | die Art, -en  kind, sort, type |
| 25 | nett  nice | | der Spaß, ⁻e  fun, joke |
| 26 | verzollen  to declare (at | 47 | geschehen (geschieht) |
| | customs), pay duty | | to happen |
| 27 | der Edelstein, -e | 48 | die Strafe, -n  fine |
| | precious stone | | zahlen  to pay |
| | der Wertgegenstand, ⁻e | 49 | einfach  simple, simply |
| | article of value | | gleich = sogleich |
| | der Wert, -e  value, worth | | immediately, right away |
| | der Gegenstand, ⁻e | 51 | der Staat, -en  government; |
| | subject, object, article | | state |
| 29 | suchen  to search, look for | 52 | der Ausdruck, ⁻e  expression |
| 30 | der Kofferraum, ⁻e | | |
| | trunk (of a car) | | |

22 **prüfen**  to check, examine
**zunächst**  first (of all)
23 **wichtig**  important
24 **damit**  with that
    der **Beamte**, -n, -n  official
25 **nett**  nice
26 **verzollen**  to declare (at
    customs), pay duty
27 der **Edelstein**, -e
    precious stone
    der **Wertgegenstand**, ⁻e
    article of value
    der **Wert**, -e  value, worth
    der **Gegenstand**, ⁻e
    subject, object, article
29 **suchen**  to search, look for
30 der **Kofferraum**, ⁻e
    trunk (of a car)
31 **manchmal**  sometimes
    **untersuchen**  to examine
32 der **Reifen**, -  tire
    **ja**  after all
33 **verstecken**  to hide
35 **höher**  higher
    **gewiß**  certain
    **zollfrei**  duty-free
36 das **heißt**  that is to say, i.e.
37 der **Kassenschalter**, -
    cashier's window
    die **Kasse**, -n  cash
    register, box office
    der **Schalter**, -
    window, counter
39 **genau**  precise(ly)
40 **wert**  worth
    **darum**  therefore
41 es hat wenig **Zweck**
    there is little point
    der **Zweck**, -e  purpose,
    aim, object
    **süß**  sweet(ly)
    **lächeln**  to smile
    **nennen**  to name
42 **lügen**  to lie
    **entstehen**  to arise, come
    about

43 **höchst**  highly
    **unangenehm**  unpleasant
45 **Sinn für Humor**  sense of
    humor
46 die **Art**, -en  kind, sort, type
    der **Spaß**, ⁻e  fun, joke
47 **geschehen (geschieht)**
    to happen
48 die **Strafe**, -n  fine
    **zahlen**  to pay
49 **einfach**  simple, simply
    **gleich = sogleich**
    immediately, right away
51 der **Staat**, -en  government;
    state
52 der **Ausdruck**, ⁻e  expression

lich, und prüft zunächst, ob unsere Pässe und andere wichtige Papiere in Ordnung sind. Sobald wir damit fertig sind, kommen die Zollbeamten. Sie sind auch höflich, aber nicht ganz so freundlich und nett wie die Polizei. Man fragt uns, ob wir etwas zu verzollen haben: Edelsteine, andere Wertgegenstände, Kaffee, Zigaretten usw. (und so weiter). Man sieht in das Auto, man sucht vielleicht, und oft müssen wir sogar den Kofferraum des Autos und unsere Koffer aufmachen. Manchmal untersucht man selbst die Autoreifen, denn man kann ja nie wissen, was vielleicht darin versteckt ist. Wenn die Sachen, die wir haben, weniger kosten als in Amerika und wenn ihr Wert höher ist als eine gewisse zollfreie Summe, so müssen wir sie verzollen, d. h. (das heißt) wir müssen zum Kassenschalter gehen und dort Zoll bezahlen. Das Zollamt hat lange Preislisten und weiß also genau, wieviel dies oder das an einem gewissen Tag im Ausland wert ist. Es hat darum wenig Zweck, süß zu lächeln und falsche Preise zu nennen. Wenn wir lügen, entsteht sicher eine Situation, die für uns höchst unangenehm werden kann. Wenn wir lächeln oder lachen, dann lächelt der Zollbeamte, der wenig Sinn für Humor hat und diese Art Spaß nicht versteht, nicht zurück, sondern er wird unfreundlich, und es kann geschehen, daß wir entweder Strafe zahlen oder daß man die Sachen einfach behält. Es ist also besser, wenn wir gleich den richtigen Preis nennen und mit saurem Gesicht dem Staat bezahlen, was er verlangt. Dann dürfen wir mit verletztem Gesichtsausdruck die Koffer und

53 schließen  to close
leider  unfortunately
54 leer  empty
die Brieftasche, -n
wallet, billfold
der Brief, -e  letter
55 das Zeichen, -  signal, sign
durch-lassen (läßt)
to let through
60 die Ware, -n  merchandise,
goods
62 anders  different
63 damals  then, at that time
es gibt  there is, there are
64 derselbe, dieselbe, dasselbe
the same
65 wie auch die Kurse  as also
the rates of exchange
der Kurs, -e  rate of
exchange
verschieden  different
66 sich ändern  to change
der Krieg, -e  war
der Monat, -e  month
67 gebrauchen  to use
68 zwecklos  useless
69 woher  from where
73 der Geschäftsmann,
die Geschäftsleute
businessman
irgendwo  somewhere
(das) Frankreich  France
74 irgendwelche (*pl.*)  some
75 verkaufen  to sell
76 erklären  to explain
77 die Rechnung, -en
bill, invoice
notwendig  necessary
ja  indeed
78 gelten (gilt)  to be valid,
be worth
79 französisch  French

den Kofferraum wieder schließen und die nun leider leere Brieftasche zumachen; wir steigen ins Auto, der Beamte gibt ein Zeichen, uns durchzulassen, und wir können weiterfahren.

Heute ist alles sehr gut organisiert. Das System ist nicht kompliziert, die Polizei paßt gut auf, und die Zollbeamten kennen die genauen Preise aller Waren.

## 2.

Um das Jahr 1815 (achtzehnhundertfünfzehn) ist das anders, wenigstens in Europa und besonders in Deutschland. Auch damals gibt es Inflation, und deshalb sind damals die Preise für dieselben Waren wie auch die Kurse überall in Europa sehr verschieden und ändern sich wegen des Krieges von Monat zu Monat, so daß die Zollbeamten keine Listen gebrauchen können. Eine Liste ist zwecklos, wenn man nicht genau weiß, woher eine gewisse Ware kommt und wieviel sie dort kostet. Die Zollbeamten gebrauchen deshalb ein System, das zwar nicht sehr genau, aber auch nicht zu kompliziert ist. Wenn z. B. ein deutscher Geschäftsmann irgendwo in Frankreich irgendwelche Waren kauft und nach Deutschland bringt, um sie dort zu verkaufen, so muß er an der Grenze erklären, wieviel die Waren wert sind. Papiere oder Rechnungen sind nicht notwendig, ja sie gelten nicht, denn eine Rechnung kann falsch sein. Jeder deutsche Zollbeamte an der französischen Grenze kennt mehr oder weniger die Preise der meisten Waren, die aus Frankreich kommen.

| | | |
|---|---|---|
| 82 | die Wahrheit | truth |
| 84 | zum Tageskurs | at the current exchange rate |
| 88 | das Recht, -e | right |
| 93 | der Fall, -e | case |
| 96 | bestimmt | certain, fixed |
| 99 | öffentlich | public |
| | einige | a few, some |
| | vorher | before |
| 101 | der Verkäufer, - | seller |
| 102 | hübsch | pretty |
| 104 | da aber | but since, but because |
| 105 | den, der | him who |
| 108 | verlieren | to lose |
| 109 | versuchen | to try |

Wenn der Kaufmann die Wahrheit sagt und den richtigen Preis nennt, ist alles in Ordnung; er bezahlt den Zoll, zum Tageskurs, den der Beamte verlangt, man läßt ihn und die Waren durch, und er darf weiterfahren. Wenn er aber einen falschen Preis nennt, d. h. einen Preis, der viel zu niedrig ist, dann hat der Beamte das Recht, die Waren für diesen niedrigen Preis selbst zu kaufen. Ob der Geschäftsmann will oder nicht, er muß die Waren dem Beamten verkaufen. Aber er darf zehn Prozent mehr verlangen. Diese zehn Prozent sind sein Profit —ein Profit, der in einem solchen Fall natürlich kein wirklicher Profit mehr ist.

Was geschieht nun mit den Waren, welche die Zollbeamten auf diese Weise kaufen? An einem bestimmten Tage, einmal oder zweimal im Monat, verkaufen die Zollbeamten diese Waren im Zollamt. Der Verkauf ist öffentlich und steht einige Tage vorher in der Zeitung. Es ist ein Tag, an dem jeder zufrieden nach Hause geht. Warum? Die Verkäufer, d. h. die Beamten, machen einen hübschen Profit, weil sie natürlich einen ziemlich hohen Preis verlangen. Da aber dieser Preis immer noch sehr niedrig ist, kosten die Waren den, der sie kauft, viel weniger als sie wirklich wert sind.

Es ist kein schlechtes System. Jeder gewinnt, keiner verliert—außer jenen Geschäftsleuten, die versuchen, eine Ware zu billig über die Grenze zu bringen. Aber dieses wunderbare System hindert einen deutschen Kaufmann nicht, durch einen einfachen Trick einen enormen Profit in seine eigene

| 113 | während (*conj.*) while |
|-----|------------------------|
| 114 | das Vergnügen, - pleasure |
| 116 | sich wundern  to be surprised |
| 120 | der Gegenwert, -e |
|     | equivalent (value) |
| 121 | der Kasten, ⁻ box |
| 122 | der Handschuh, -e  glove |
|     | darauf  then; after that |
| 126 | dauern  to last |
| 134 | läßt ihn ... öffnen |
|     | has him open |
| 141 | steht in keinem Verhältnis zu |
|     | there is no relation between |
|     | das Verhältnis, -se |
|     | relationship |

Tasche zu stecken. Während er sich in Deutschland
114 vor Vergnügen die Hände reibt, stehen zwei
deutsche Zollbeamte mit sauren Gesichtern an der
Grenze und wundern sich über ihre Dummheit.
117 Und hier fängt nun endlich die Geschichte von
dem schlauen Kaufmann an.

## 3.

Unser Kaufmann macht eine Geschäftsreise nach
120 Frankreich und kauft dort für den Gegenwert von
achthundert Mark zwei Kästen feinster Herren-
handschuhe. Darauf fährt er mit den Kästen in eine
123 kleine Stadt, die nahe an der Grenze liegt, und geht
in ein Gasthaus. Dort schließt er sich nach dem
Abendessen in sein Zimmer und fängt an zu ar-
126 beiten. Was er tut, dauert einige Stunden, denn das
Licht unter seiner Tür geht erst kurz vor Mitternacht aus. Zufrieden mit seiner Arbeit geht er zu
129 Bett und träumt. Er träumt natürlich von Handschuhen.

Am nächsten Morgen läßt er einen Kasten im
132 Zimmer zurück. Mit dem anderen fährt er nach dem
Frühstück zur Grenze und hält am Zollamt. Dort
läßt der Beamte ihn den Kasten öffnen. „Wieviel
135 sind die Handschuhe wert?" fragt er.—„Nicht sehr
teuer", erwidert der Kaufmann und lächelt süß;
„hundertfünfzig Mark." Der Beamte sieht natürlich
138 gleich, daß der Kaufmann lügt, denn die Handschuhe
sind von bester Qualität und kosten wenigstens dreihundert bis vierhundert Mark. Der niedrige Preis
141 steht in keinem Verhältnis zu der Qualität der Hand-

| | | |
|---|---|---|
| 143 | billig | cheap, inexpensive |
| 144 | die Tinte | ink |
| 145 | die Quittung, -en | receipt |
| 148 | indem er ... gibt | while giving |
| 153 | sich ärgern | to be annoyed |
| 154 | sich freuen | to be glad |
| 156 | zu Mittag essen | to have lunch |
| | nachher | afterward |
| 157 | köstlich | delicious |
| 160 | wählen | to choose |
| 162 | wiederholen | to repeat |
| 166 | voneinander | of each other |
| 170 | dabei | at the same time, in so doing |
| | die Menge, -n | lot, quantity |
| 171 | sich freuen auf + acc. | to look forward to |
| 172 | im voraus | in advance |

schuhe. „Hundertfünfzig Mark ist wirklich nicht teuer", meint der Zollbeamte; „wenn sie so billig sind, kaufe ich sie selbst." Er nimmt Feder, Tinte und Papier, schreibt eine Quittung für die Handschuhe und bezahlt dem Kaufmann hundertfünfundsechzig Mark, hundertfünfzig plus zehn Prozent, „Vielen Dank", sagt der Beamte freundlich lächelnd, indem er dem Kaufmann sein Geld gibt; „wenn Sie wieder einmal billige Handschuhe haben, dann denken Sie bitte an mich und kommen zu mir zurück, ja?"—„Das werde ich tun", entgegnet unser Freund. Der Ausdruck seines Gesichtes zeigt nicht, ob er sich ärgert oder ob er sich freut. Er steckt das Geld in seine Brieftasche und fährt zu seinem Gasthaus in Frankreich zurück. Dort ißt er zu Mittag, genießt nachher eine gute Tasse Kaffee und eine köstliche Zigarre, bezahlt die Rechnung für sein Zimmer und das Mittagessen und fährt am frühen Nachmittag mit dem zweiten Kasten zur Grenze. Nur wählt er diesmal einen anderen Weg und ein anderes Zollamt. Als er dort ankommt, wiederholt sich die gleiche Szene: ein anderer Zollbeamter kauft den zweiten Kasten für denselben Preis wie der Beamte im ersten Zollamt.

Beide Beamten wissen nichts voneinander, aber beide erzählen am Abend ihren Familien die gleiche Geschichte: die Geschichte von einem dummen Kaufmann, der teure Handschuhe billig über die Grenze bringen will und dabei eine Menge Geld verliert. Und beide freuen sich auf den Tag des Verkaufes und zählen schon im voraus den hohen Profit, den sie machen werden.

| | | |
|---|---|---|
| 177 | statt-finden | to take place |
| 178 | dahin | there |
| 179 | erkennen | to recognize |
| 180 | unterrichten | to instruct |
| 184 | allerlei | all sorts of |
| | damit | so that |
| 189 | bieten | to offer |
| 191 | die Spannung | suspense |
| | bis auf | up to |
| 194 | das Doppelte | twice as much |
| | doppelt | double |
| | gerade | just then |
| 196 | da stimmt etwas nicht | there is something wrong there |
| 197 | die Größe, -n | size |

174 Aber auch unser Freund, der Kaufmann, wartet
auf den Verkaufstag in den zwei Zollämtern.


4.

An dem Tage, an dem der öffentliche Verkauf im
177 ersten Zollamt stattfindet, geht unser Kaufmann
nicht selbst dahin, weil er fürchtet, daß man ihn
dort vielleicht erkennt. Er sendet einen Freund und
180 unterrichtet ihn über das, was er zu tun hat. Die
große Halle des Zollamts ist voller Menschen, die
alle billig kaufen wollen. Hinter langen Tischen
183 stehen die Beamten, vor ihnen liegen Berge von
allerlei Waren in offenen Koffern und Kästen, damit
jeder die Qualität sehen und fühlen kann. „Hier,
186 meine Herren!" ruft ein Beamter; „ein ganzer Kasten mit französischen Handschuhen feinster Qualität!" Er nimmt ein Paar heraus und hält es hoch,
189 damit alle die Handschuhe sehen können. „Wer bietet mehr als zweihundert Mark?" ruft er und ist
voller Spannung: wird der Preis vielleicht bis auf
192 dreihundert oder sogar noch höher steigen? Jemand,
der sofort sieht, daß die Handschuhe wenigstens
das Doppelte wert sind, öffnet gerade den Mund, um
195 laut einen höheren Preis zu nennen, da sagt der
Freund des Kaufmanns auf einmal: „Ich glaube, da
stimmt etwas nicht. Die Größe scheint zwar die
198 gleiche zu sein, aber wenn ich nicht blind bin, sind
die zwei Handschuhe, die Sie da hoch halten, beide
für die rechte Hand."—„Unmöglich", sagt der
201 Beamte; aber der Freund hat natürlich recht. Alle

203 einzeln single, individual
206 brüllen to roar, shout
    vor Ärger with vexation
      der Ärger annoyance,
      vexation
.207 die Angst, ⁻e fear
    schwitzen to perspire, sweat
215 überhaupt etwas
    anything at all
223 der Dienst, -e service
225 ein paar a few
228 rechnen to calculate, figure
229 der Bleistift, -e pencil
231 dazu for that
232 das Rechnen arithmetic

Handschuhe im Kasten sind zwar in Paaren, aber jeder einzelne Handschuh ist für die rechte Hand. Jetzt will natürlich niemand mehr die Handschuhe kaufen. „Wer bietet hundertfünfzig Mark?—Hundert?—Fünfzig?" brüllt der Beamte, der vor Ärger erst rot wird und dann vor Angst zu schwitzen beginnt, als keiner antwortet. „Nun", sagt endlich unser Freund nach einer langen Pause, „wenn niemand die Handschuhe will, dann biete ich dreißig Mark. Vielleicht kann ich einige an Soldaten verkaufen, die aus dem Krieg mit nur einem Arm zurückkommen. Aber mehr als dreißig Mark bezahle ich nicht." Was kann der Zollbeamte machen? Wenn er überhaupt etwas für die Handschuhe bekommen will, muß er sie für dreißig Mark verkaufen.

Die gleiche Szene wiederholt sich einige Tage später im zweiten Zollamt. Auch hier bezahlt der Freund dreißig Mark für den ganzen Kasten von einzelnen Handschuhen für die linke Hand.

Am folgenden Tage trifft er den Kaufmann in Deutschland. Er gibt ihm die zwei Kästen und kriegt für seine Dienste hundert Mark. Der Kaufmann legt die Handschuhe wieder in richtige Paare zusammen und verkauft sie alle in ein paar Wochen für das Doppelte des Preises, den sie in Frankreich wert sind.

Wenn Sie gut rechnen können, dann sagen Sie bitte—aber ohne Papier und Bleistift!—wieviel Profit der Kaufmann macht! Oder brauchen Sie wirklich Papier und Bleistift dazu? Sind Sie so schwach im Rechnen?

# Übungen

## I. FRAGEN ZUM TEXT

*1.*

1. Für wen kaufen wir Geschenke im Ausland?
2. Warum sind Dinge, die wir im Ausland kaufen, gut als (as) Geschenke?
3. Wieviel Geld haben wir am Ende der Ferien in unseren Taschen?
4. Was wartet auf uns an der Grenze?
5. Was macht die Polizei an der Grenze?
6. Was fragen uns die Zollbeamten?
7. Was müssen wir für die Zollbeamten oft aufmachen?
8. Wann müssen wir Zoll bezahlen?
9. Wie wissen die Zollbeamten, wieviel eine gewisse Ware wert ist?
10. Was kann geschehen, wenn wir falsche Preise nennen?

*2.*

11. Wie sind die Preise in Europa um das Jahr achtzehnhundertfünfzehn?
12. Wann ist eine Liste zwecklos?
13. Ist das Zollsystem damals genau und kompliziert?
14. Was muß ein deutscher Geschäftsmann an der deutschen Grenze erklären?
15. Warum gelten Papiere oder Rechnungen nicht?
16. Wann geht alles gut?
17. Welches Recht hat der Beamte, wenn ein Kaufmann einen falschen Preis nennt?
18. Was darf der Kaufmann verlangen, wenn der Beamte seine Waren kauft?
19. Was tun die Beamten mit den Waren, die sie so billig kaufen?
20. Wer verliert bei diesem System?

*3.*

21. Welchen Wert haben die zwei Kästen Handschuhe?
22. Wohin fährt der schlaue Kaufmann?
23. Wie lange arbeitet der Kaufmann in seinem Zimmer?

24. Wovon (of what) träumt der Kaufmann?
25. Wohin fährt der Kaufmann mit dem Kasten?
26. Was sieht der Beamte gleich?
27. Wieviel bezahlt der Beamte dem Kaufmann für die Handschuhe?
28. Was zeigt das Gesicht des Kaufmanns nicht?
29. Was macht der Kaufmann, als (when) er ins Gasthaus zurückkommt?
30. Was geschieht, als (when) er mit dem zweiten Kasten zur Grenze kommt?
31. Was zählen die beiden Beamten schon im voraus?

**4.**
32. Warum geht der Kaufmann nicht selbst zum Verkauf?
33. Warum liegen die Waren offen auf dem Tisch?
34. Warum hält der Beamte ein Paar Handschuhe hoch?
35. Was stimmt nicht mit den Handschuhen, die der Zollbeamte verkaufen will?
36. Wieviel bietet der Freund des Kaufmanns für die Handschuhe?
37. Wem wird er sie vielleicht verkaufen?
38. Wieviel bezahlt der Freund für den zweiten Kasten im zweiten Zollamt?
39. Wann und wo trifft der Kaufmann seinen Freund wieder?
40. Was macht der Kaufmann mit den Handschuhen in den zwei Kästen?
41. Wieviel Profit macht der Kaufmann?

## II. WORTBILDUNG

**A.** Here are a few more words whose meanings are easily recognized.

der Doktor, die Doktoren
der Direktor, die Direktoren
der Pastor, die Pastoren
der Autor, die Autoren
das Picknick, -e *or* -s
die Medizin, -en
der Sopran, -e
der Alt, -e

der Tenor, -̈e
der Bariton, -e
der Baß, die Bässe
die Universität, -en
das Examen, -
das Substantiv, -e
das Adjektiv, -e
das Adverb, die Adverbien

die Oper, -n
die Arie, -n
die Armee, -n
die Marine, -n  navy
der General, -e *or* -̈e
der Major, -e
der Leutnant, -s
der Offizier, -e
der Admiral, -e

der Kapitän, -e
die Kanone, -n
die Artillerie
die Bombe, -n
der Bomber, -n
der Bischof, -̈e
die Bibel, -n
der Priester, -

## B. COMPOUND NOUNS

1. In German, as in English, words can be coupled together. Whereas in English they are sometimes written as one word and sometimes as two words (*classroom, class size; sundial, sun hat; gooseneck, goose egg*), German always writes them as one word. In the case of nouns, you will often find two nouns joined together in their basic, undeclined forms; at other times you will encounter compounds with the first component in the genitive (sometimes an archaic genitive preserved only within a compound). Of course, nouns may also be compounded with adjectives, prepositions, or verb stems. The following list contains compound nouns of which most have appeared in Stories 1 through 4. It is a useful list because it will give you an opportunity to review important vocabulary. Note that the last noun always determines the gender of the entire compound.

die Weinflasche, -n
das Scheckbuch, -̈er
das Fußbad, -̈er
der Sonntagmorgen
die Hausarbeit, -en
der Geschäftsmann,
die Geschäftsleute
das Symphonieorchester, -
der Apfelbaum, -̈e
der Festtag, -e
die Festtafel, -n
der Geburtstag, -e
der Abendstern, -e
das Schlüsselloch, -̈er

die Tabakspfeife, -n
nach Herzenslust
das Goldstück, -e
das Silberstück, -e
der Geldsack, -̈e
das Abendgebet, -e
das Gasthaus, -̈er
der Gastwirt, -e
die Morgensonne
die Landstraße, -n
der Nußbaum, -̈e
das Mittagessen, -
das Abendbrot, -e
das Abendessen, -

der Leichenwagen, -     der Kaufmann, die Kaufleute
der Gänsestall, ⁼e     der Gesichtsausdruck, ⁼e
der Augenblick, -e     die Geschäftsreise, -n
der Verkaufstag, -e     der Gegenwert, -e
der Autoreifen, -     der Handschuh, -e
der Kassenschalter, -     der Herrenhandschuh, -e
der Tageskurs, -e     die Brieftasche, -n
der Bleistift, -e     der Kofferraum, ⁼e
das Flugzeug, -e     die Verkehrspolizei
das Warenhaus, ⁼er     das Ausland
das Kaufhaus, ⁼er     der Nachmittag, -e
die Ferienreise, -n     die Mitternacht, ⁼e
das Zollamt, ⁼er     der Edelstein, -e
der Wertgegenstand, ⁼e     das Frühstück, -e
die Preisliste, -n     das Spezialgeschäft, -e

2. Here is a list of new compounds formed with nouns you have encountered in the stories or that are easy derivatives or cognates. You should have little trouble with them. The last four, marked with asterisks, are less easy, although you know both components; they are keyed in case you did not guess them.

das Landhaus, ⁼er     die Feldblume, -n
das Kartenspiel, -e     die Grenzpolizei
die Spielkarte, -n     die Landesgrenze, -n
der Westwind     der Weltkrieg, -e
der Ostwind     der Grabstein, -e
der Nordwind     der Todfeind, -e
der Südwind     der Busenfreund, -e
das Sommerwetter     das Taschenmesser, -
das Winterwetter     die Todesstrafe, -n
der Wetterbericht, -e     die Seitenstraße, -n
die Hausfrau, -en     die Haustür, -en
der Haushalt, -e     der Wochentag, -e
das Geburtstagsgeschenk, -e     der Fußball, ⁼e
der Milchmann, ⁼er     die Haarfarbe, -n
der Spazierstock, ⁼e     die Stadtmitte, -n
die Postkarte, -n     die Augengläser (pl.)
das Stundenglas, ⁼er     der Kartoffelsalat, -e
das Kartoffelfeld, -er     das Dienstmädchen, -

das Schweinefleisch
die Sommerferien (pl.)
das Zahnfleisch*

das Morgenland*
das Abendland*
die Gesichtsfarbe*

## III. SYNTAKTISCHE ÜBUNGEN

1. Wenn wir Waren sehen, die uns nicht gefallen, weil sie viel zu teuer sind, brauchen wir sie natürlich nicht zu kaufen.
2. Glauben Sie vielleicht, daß ein Edelstein, den wir in Mexiko sehen und kaufen, besser ist, weil er dort weniger kostet als hier?
3. Prüft man an der Grenze unsere Pässe und andere wichtige Papiere, weil man denkt, daß wir Wertgegenstände in unseren Taschen oder Koffern haben, die wir nicht nach Hause bringen sollen, ohne Zoll dafür zu bezahlen?
4. Wieviel gewisse Waren im Ausland wert sind, wissen die Zollbeamten genau, denn sie müssen aufpassen, daß jeder den Zoll bezahlt, den der Staat von ihm verlangt.
5. Falsche oder zu niedrige Preise zu nennen hat wenig oder gar keinen Zweck, da die Zollbeamten, die gar nicht so dumm sind, wie man vielleicht manchmal denkt, nicht zurücklächeln, wenn wir ein zu freundliches Gesicht machen.
6. Wieviel Prozent darf ein Geschäftsmann von einem Zollbeamten verlangen, wenn dieser seine etwas zu „billigen" Waren von ihm kaufen will?
7. Mit seinen zwei Kästen fährt unser Freund, der schlaue deutsche Kaufmann, in eine kleine französische Grenzstadt, um dort am Abend in einem Gasthaus noch einige Stunden zu arbeiten, bevor er zu Bett geht und von Handschuhen zu träumen anfängt.

*Zahnfleisch gums; Morgenland Orient; Abendland Occident; Gesichtsfarbe complexion.

# 5. Der Schweinehirt

# *Notes*

## I. THE SIMPLE PAST TENSE AND PAST PARTICIPLE

**A.** The simple past and the past participle of most English verbs are formed by adding -(e)*d* to the infinitive. The stem vowel remains unchanged.

to wipe   I wip*ed*   I had wip*ed*
to end   it end*ed*   it had end*ed*

Most German verbs follow this pattern. They do not change the stem vowel and form

1. the simple past (or imperfect) tense by adding **-te, -test, -te; -ten, -tet, -ten** to the stem;

2. the past participle by prefixing **ge-** and adding **-t** to the stem. (In certain cases, **ge-** is not prefixed; see Notes to Story 7, in which the compound tenses and the use of the past participles are discussed.)

*Note:* Verbs whose stem vowel ends in **d** or **t** or a consonant (except **l, m, n, r**) followed by m or n insert an e after the stem.

| | | |
|---|---|---|
| leb-en | er leb*te* | er hatte *ge*lebt |
| arbeit-en | er arbeit*ete* | er hatte *ge*arbeit*et* |
| öffn-en | er öffn*ete* | er hatte die Tür *ge*öffnet |

Verbs following this pattern are called "weak" verbs.

**B** Past time is also expressed by a change of the stem vowel.

to sing   she sang   she had sung

German verbs using this pattern are called "strong" verbs.

1. In the simple past, no endings are added to the first and third person singular; the other persons have the same endings as in the present tense: **-, -(e)st, -; -en, -(e)t, -en.**

| | |
|---|---|
| ich sang | ich fand |
| du sang*st* | du fand*est* |
| er sang | er fand |
| wir sang*en* | wir fand*en* |
| ihr sang*t* | ihr fand*et* |
| sie sang*en* | sie fand*en* |

2. The past participle is formed by prefixing ge- and adding -en to the stem. (In certain cases, ge- is not prefixed; see Notes to Story 7.)

3. In addition to changing the stem vowel, some strong verbs also change the consonant(s) of the stem. Some examples:

| | |
|---|---|
| fallen | er fiel |
| gehen | er ging |
| sitzen | er saß |

**C.** Some weak verbs form the simple past and the past participle in an irregular manner. Their endings are weak, but they change the stem vowel and, in the case of bringen and denken, even the final consonants of the stem. Examples:

| | | |
|---|---|---|
| kennen | er *ka*nn*te* | er hatte ihn ge*ka*nnt |
| bringen | er *bra*ch*te* | er hatte es ge*bra*cht |
| denken | er *da*ch*te* | er hatte ge*da*cht |

**D.** The simple past of the modal auxiliaries and of wissen is formed on the model of the weak verbs. Note that only wollen and sollen do not change the stem vowel.

| | |
|---|---|
| können | ich k*o*nnte |
| müssen | ich m*u*ßte |
| dürfen | ich d*u*rfte |
| mögen | ich m*och*te |
| wollen | ich wollte |
| sollen | ich sollte |
| wissen | ich w*u*ßte |

The past participle of wissen is gewußt.

**E.** The simple past tense of haben, sein, and werden is

| | | |
|---|---|---|
| ich hatte | ich war | ich wurde |
| du hattest | du warst | du wurdest |
| er hatte | er war | er wurde |

| | | |
|---|---|---|
| wir hatten | wir waren | wir wurden |
| ihr hattet | ihr wart | ihr wurdet |
| sie hatten | sie waren | sie wurden |

**F.** The simple past tense is sometimes called the narrative past. It is most frequently used in telling *a connected narrative* or in describing *a state in the past.*

## II. *HIN-* AND *HER-*

German uses the prefixes hin- and her- to indicate that the direction of motion is *toward or away from the speaker or observer.*

ich muß *hin*untergehen   I must go down
er trieb seine Schweineherde *hin*aus auf die Felder
    he drove his herd of swine out into the fields
geh *hin!*   go (there)!
geh *hin*ein!   go in! enter!
*Hin*aus!   out!
wenn man in die Pfeife *hinein*blies   when one blew into the
    whistle
da kam die Nachtigall *her*aus   then the nightingale came out
allerlei Walzer und Polkas kamen *her*aus   all sorts of waltzes
    and polkas came out

## III. AN INTRODUCTION TO *DA(R)-* COMPOUNDS

A personal pronoun (or the demonstrative pronoun der, die, das) that is governed by a preposition *and does not refer to persons* is often replaced by the word da- (dar- before vowels). This da(r)- precedes and joins the preposition.

Man wußte nicht, was die Leute *darin* aßen.  (*darin* = in
    them = in the houses)   One did not know what the people in
    them were eating.
Sagt niemand etwas *davon.*  (*davon* = of it, about it)   Don't
    tell anyone about it.
Sie bekam *dafür* den Topf.  (*dafür* = for them = for the kisses)
    In exchange she got the pot.
... und *damit* wandte er sich von ihr  (*damit* = with that =
    with those words)  . . . and with that he turned away from her.

Was hast du jetzt *dafür?* (*dafür* = for it = for what you have done) What have you got for it now?

## Summary of idioms in Story 5 (for later review)

1   vor vielen Jahren   many years ago
14   gab es nicht Hunderte von Königstöchtern?   weren't there hundreds of princesses?
20   was für ein Rosenbusch das war!   what a rosebush that was!
25   in ihre Nähe   near it
51   sie war dem Weinen nahe   she was close to tears
59   einige Augenblicke lang   for a few moments
67   sie war seit vielen Jahren tot   she had been dead for many years
75   auf keine Weise   in no way
    er konnte nicht um ihre Hand bitten   he could not ask for her hand (in marriage)
87   was für ein Zufall!   what a coincidence!
98   am Abend   in the evening
115   etwas ganz anderes   something quite different
117   spazieren-gehen   to go for a walk
172   heute abend   tonight
175   sie hat Gesellschaft   she is giving a party
182   vor allem   above all
198   nicht in Frage kommen   to be out of the question
212   das tun wir gar nicht gern   we don't like to do that at all
214   abends   in the evening; evenings
216   was für ein Unsinn!   what nonsense!
231   sich Zeit nehmen   to take one's time
241   nachmittags   in the afternoon
242   auf kurze Zeit   for a short time
249   was für eine Menschenmenge!   what a crowd (of people)!

# Prereading vocabulary

Be sure to familiarize yourself with the words below before reading the following story. The first section contains basic vocabulary and easily recognizable cognates. The second lists with line numbers the simple past tense forms of all strong and irregular verbs used in Story 5. Note that a few of them, marked with an asterisk, have not occurred in the previous stories, either as infinitives or in some present tense form.

## Basic words and cognates

der Ball, ⸚e  ball (game and dance)
der Bart, ⸚e  beard
das Bärtchen, -
die Dame, -n  lady
das Feuer, -  fire
der Finger, -
der Fisch, -e
der Haufen, -  heap, pile
der Herd, -e  hearth
die Herde, -n  herd
die Hexe, -n  witch
der Hirt, -en, -en  shepherd
das Huhn, ⸚er  hen, chicken
das Hühnchen, -
das Instrument, -e
der Karpfen, -  carp
die Katze, -n  cat
das Kätzchen, -  kitten
das Klavier, -e  piano
die Krone, -n  crown
der Kuchen, -  cake
der Kuß, die Küsse  kiss
die Nachtigall, -en  nightingale
der Name, -ns, -n  name
das Ohr, -en  ear
der Park, -s  park
die Polka, -s
der Prinz, -en, -en  prince
die Prinzessin, -nen  princess

der Regen, -  rain
der Rest, -e  rest, remainder
die Rose, -n
die Schönheit, -en  beauty
die Schulter, -n  shoulder
das Stroh  straw
der Strom, ⸚e  (large) river; current; stream
das Tor, -e  gate
das Wasser  water
der Walzer, -  waltz
das Wort, -e/⸚er  word

braun  brown
breit  broad, wide
dick  thick, fat
heiß  hot
roh  raw; rude
rund  round
selten  rare; seldom
tief  deep

backen (bäckt)  to bake
heim-gehen
kochen  to cook; boil
küssen  to kiss
schwimmen  to swim
tanzen  to dance

damit (conj.)  so that

*Simple past tense forms*

2   hatte (haben)
     besaß (besitzen)*
     to possess, own
3   war (sein)
4   konnte (können)
8   dachte (denken)
14   gab (geben, gibt)
16   wollte (wollen)
17   beschloß (beschließen)
     to decide, resolve
19   wuchs (wachsen, wächst)
     to grow
21   trug (tragen, trägt)
     to carry; wear
24   roch (riechen)   to smell
     vergaß (vergessen,
     vergißt)   to forget
25   kam (kommen)
26   sang (singen)
27   schwieg (schweigen)*
     to be silent
30   tat (tun)
36   fuhr (fahren, fährt)
     to go, drive
38   hob (heben)*   to lift
41   rief (rufen)   to call,
     exclaim
49   ging (gehen)
62   sprach (sprechen, spricht)
     to speak, talk
65   lief (laufen, läuft)   to run
77   verlor (verlieren)   to lose
     nahm (nehmen, nimmt)
78   strich (streichen)*
     to spread
81   zog (ziehen)   to pull, draw
92   wurde (werden, wird)

93   bekam (bekommen)
     to get, receive
97   trieb (treiben)   to drive
100   saß (sitzen)
103   hing (hängen)
110   hielt (halten, hält)
     wußte (wissen)
111   stand (stehen)
114   briet (braten, brät)*
     to fry, roast, broil
121   schwamm (schwimmen)
122   blieb (bleiben)   to stay,
     remain
131   mußte (müssen)
147   befahl (befehlen, befiehlt)
     to command, order
151   begann (beginnen)
152   sandte (senden)
170   aß (essen, ißt)   to eat
171   schrie (schreien)   to shout
186   ließ (lassen, läßt)   to let
189   blies (blasen, bläst)
     to blow
     pfiff (pfeifen)*   to whistle
192   fing an (an-fangen, fängt
     an)   to begin, start
238   geschah (geschehen,
     geschieht)   to happen
     lag (liegen)   to lie
239   schlief (schlafen, schläft)
     to sleep
241   kannte (kennen)   to know
245   klang (klingen)*
     to sound
     sprang (springen)
250   rieb (reiben)   to rub
266   sah (sehen, sieht)
269   schlug (schlagen, schlägt)
     to beat

280 fiel (fallen, fällt)
288 riß (reißen)* to tear
    warf (werfen, wirft)*
       to throw
289 trat (treten, tritt)*
       to step
295 verstand (verstehen)
       to understand
299 wandte (wenden)* to turn

der Schweinehirt  swineherd
das Schwein, -e  pig,
swine
der Hirt, -en, -en
shepherd

1 vor vielen Jahren
many years ago

2 besaß (besitzen)
possessed, owned, had
das Königreich, -e  kingdom
der König, -e  king
das Reich, -e  realm,
kingdom, empire

3 kaum  hardly

4 indessen  however

5 erlauben  to allow

6 sich verheiraten  to marry,
get married

10 der Kaiser, -  emperor

13 wagen  to dare, risk

14 weit und breit  far and wide
es gab  there were, there was

15 die Armut  poverty
zum Mann  as a husband

# 5. Der Schweinehirt

### 1.

Vor vielen Jahren lebte einmal ein Prinz, der nicht
viel Geld hatte. Er besaß zwar ein Königreich, aber
das war so klein, daß man es kaum mehr ein Königreich nennen konnte. Es war indessen immer noch
groß genug, um dem Prinzen zu erlauben, sich zu
verheiraten. Und sich zu verheiraten war sein
größter Wunsch.

„Aber wen soll ich fragen?" dachte der Prinz.
„Irgendeine kleine Prinzessin? Nein! Ich möchte die
Tochter des Kaisers!"

Doch wie konnte er, der arme Prinz, zur Tochter
des Kaisers sagen: „Willst du mich haben?" Nun,
wer nicht wagt, gewinnt nicht. War sein Name nicht
weit und breit bekannt, und gab es nicht Hunderte
von Königstöchtern, die ihn trotz seiner Armut zum
Mann haben wollten? Warum sollte dann die Tochter
des Kaisers nicht „ja" sagen? Der Prinz beschloß
also, sein Glück zu versuchen.

Auf dem Grabe seines Vaters wuchs ein Rosenbusch, und was für ein Rosenbusch das war! Er

21 blühen  to bloom
fünft-  fifth
das Frühjahr, -e  spring
22 einzig  single, only
24 der Schmerz, -ens, -en
pain, grief
25 in ihre Nähe  near it
die Nähe  vicinity,
proximity
26 die Nachtigall, -en
nightingale
27 schwieg (schweigen)
was silent
28 bestimmen  to intend
30 pflücken  to pick
tat (tun)  put, placed
31 der Topf, ̈e  pot
33 kaiserlich  imperial
der Hof, ̈e  court
34 die Hofdame, -n
lady-in-waiting
36 das Tor, -e  gate
der Schloßhof, ̈e
castle courtyard
das Schloß, die Schlösser
castle
auf-hören  to stop
38 hob (heben)  lifted
39 der Boden, ̈  ground, floor
40 stellen  to put, place
42 das Kätzchen, -  kitten
43 hervor  out
49 merken  to notice
51 sie war dem Weinen nahe
she was close to tears
weinen  to cry, weep

21 blühte nur jedes fünfte Frühjahr und trug dann immer nur eine einzige Blume, aber das war eine Rose von ganz seltener Schönheit, die so wunderbar
24 roch, daß man alle seine Sorgen und Schmerzen vergaß, sobald man in ihre Nähe kam. Der Prinz hatte auch eine Nachtigall, die so schön sang, daß jeder
27 andere Vogel sofort schwieg, wenn er ihre süße Stimme hörte. Diese Rose und diese Nachtigall bestimmte der Prinz für die Tochter des Kaisers. Aber
30 er pflückte die Rose nicht, sondern tat den ganzen Busch in einen großen Topf und schickte ihn und die Nachtigall in zwei Kästen aus Gold und Silber an
33 den kaiserlichen Hof.

Die Prinzessin spielte gerade mit den Hofdamen Federball, als der Wagen mit den Geschenken durch
36 das Tor in den Schloßhof fuhr. Sie hörte sofort auf zu spielen und folgte den Kästen, welche vier Diener des Prinzen von dem Wagen hoben und in das Schloß
39 trugen, um sie vor dem Kaiser auf den Boden zu stellen.

„Oh, Geschenke!" rief sie und war vor Freude
42 außer sich; „ich hoffe, es ist ein Kätzchen!" Aber was hervorkam, als man den ersten Kasten öffnete, war kein Kätzchen, sondern der Rosenbusch mit der
45 herrlichen Rose.

„Eine Blume! Wie hübsch!" riefen alle Hofdamen.

„Sie ist mehr als hübsch", sagte der Kaiser, „sie
48 ist schön!"

Als die Prinzessin aber näher ging und merkte, daß es eine richtige, eine natürliche Blume war, da
51 war sie dem Weinen nahe und sagte: „Pfui, Papa, es

| | |
|---|---|
| 52 | künstlich  artificial |
| 62 | fließend  fluently |
| 65 | die Backe, -n  cheek |
| 66 | erinnern an + *acc.* |
| | to remind of |
| 69 | hoffentlich  let's hope, hopefully |
| | lebendig  live |
| 71 | doch!  oh yes! |
| 75 | gestatten  to permit |
| 77 | der Mut  courage |
| 78 | die Farbe, -n  paint; color |
| | strich (streichen)  to spread |
| 79 | die Watte  cotton |
| | daraus  of it, from it |

ist keine künstliche, sondern eine natürliche Blume!"

54 „Pfui!" wiederholten sogleich alle Hofdamen, „sie ist nicht künstlich!"

„Nun", meinte der Kaiser, „laßt uns erst sehen,
57 was in dem anderen Kasten ist, bevor wir böse werden!" Und da kam die Nachtigall heraus und sang so schön, daß einige Augenblicke lang niemand ein
60 böses Wort gegen sie zu sagen wagte.

„*Superbe! Charmant!*" riefen die Hofdamen, denn sie sprachen alle fließend französisch, eine schlech-
63 ter als die andere

„Wie schön!" dachte der Kaiser, und heiße Tränen liefen ihm über die Backen in den Bart, denn die
66 süße Stimme der kleinen Nachtigall erinnerte ihn an seine liebe Frau, die schon seit vielen Jahren tot war.

69 „Hoffentlich ist es kein natürlicher, kein lebendiger Vogel!" rief die Prinzessin.

„Doch", antworteten die Diener, „es ist ein rich-
72 tiger Vogel!"

„Dann weg mit ihm! Laßt ihn fliegen!" sagte die Prinzessin ganz böse, und sie wollte dem Prinzen
75 auf keine Weise gestatten, sie zu sehen und um ihre Hand zu bitten.


## 2.

Aber der Prinz verlor nicht den Mut. Er nahm
78 braune und schwarze Farbe, strich sie auf etwas Watte, machte daraus ein falsches Bärtchen und

| | | |
|---|---|---|
| 80 | kleben | to glue |
| | sich schminken | |
| | to put on makeup | |
| 81 | der Rock, ⸗e | jacket |
| | schmutzig | dirty |
| 82 | die Hose, -n | trousers, pants |
| | der Anzug, ⸗e | suit |
| | drücken | to push, press |
| 84 | vor-stellen | to introduce |
| 86 | dienen | to serve, be of service |
| 87 | glücklich | fortunate, lucky, happy |
| | der Zufall, ⸗e | coincidence, chance |
| 88 | eben | just (just now, just then) |
| 89 | die Stelle, -n | job, position |
| 91 | ein-stellen | to engage, employ |
| 92 | ohne jede weitere Ausbildung | |
| | without any further training | |
| | die Ausbildung | training |
| 94 | neben | next to |
| | unten (*adv.*) | down |
| | das Ufer, - | shore, bank |
| 95 | der See, -n | lake |
| | der Strohhaufen, - | heap, pile of straw |
| 99 | beschäftigt | busy, active, occupied |
| 101 | der Draht, ⸗e | wire |
| 103 | klingeln | to tinkle, ring |
| 104 | kochen | to boil; cook |
| 105 | das liedchen, - | little song, ditty |
| | das Lied, -er | song |
| 108 | alles ist hin | everything is gone, lost |

klebte es sich unter die Nase. Dann schminkte er sich, zog einen alten Rock und ein Paar schmutzige Hosen über seinen Anzug, drückte den Hut tief ins Gesicht, ging an den Hof und klopfte an die Tür. „Guten Morgen, Kaiser!" sagte er, ohne sich vorzustellen. „Ich suche Arbeit und möchte fragen, ob ich hier auf dem Schloß dienen kann."

„Was für ein glücklicher Zufall!" rief der Kaiser. „Wir brauchen eben jemand, der auf unsere Schweineherde aufpassen kann. Wenn du die Stelle willst, ist sie dein. Ja? Gut."

Und so stellte ihn der Kaiser sofort ein, und so wurde der Prinz ohne jede weitere Ausbildung kaiserlicher Schweinehirt. Er bekam ein Zimmerchen neben dem Schweinestall unten am Ufer des kleinen Sees, ein Strohhaufen diente ihm als Bett; und dort wohnte er nun und tat seine Arbeit. Am Morgen trieb er seine Schweineherde hinaus auf die Felder, am Abend trieb er sie wieder heim; aber auch den Rest der Zeit war er beschäftigt, denn in der Nacht saß er in seinem Zimmer und arbeitete mit Feuer, Eisen, Stahl und Draht an einem kleinen Topf. Was für ein hübscher Topf das war! An den Seiten hingen runde Glöckchen, die klingelten, wenn der Topf kochte, und was sie spielten, war ein altes Liedchen:

„Ach, du lieber Augustin, Augustin, Augustin,
ach, du lieber Augustin,
alles ist hin!"

Aber das war noch nicht alles. Wenn man den

111 der Herd, -e  hearth
113 die Pfanne, -n  pan
114 briet (braten, brät)  fried
     kunstvoll  artistic
     außerordentlich  extraordinary
115 doch  indeed
117 spazieren-gehen  to go for a
     walk
118 die Anlagen (*pl.*)  (well-kept)
     grounds, park
120 die Ente, -n  duck
     füttern  to feed (animals or
     babies)
     pflegen  to be in the habit of . . .
121 herum  around
122 überrascht  surprised
128 geschickt  clever, skillful
129 gebildet  educated
132 an-ziehen  to put on
     das Holz  wood
133 der Rock, ⁻e  skirt
134 sauber  clean
135 der Dreck  mud, dirt

Finger in den Topf hielt, wußte man sogleich, was
111 auf jedem Ofen oder Herd der Stadt stand und über
jedem Feuer hing, denn man konnte riechen, was
die Leute backten, kochten oder in ihren Pfannen
114 brieten. Ja, solch ein kunstvoller, außerordentlicher
Topf war doch etwas ganz anderes als eine einfache,
natürliche Rose!
117 Am folgenden Morgen ging die Prinzessin mit
allen ihren Hofdamen in den Anlagen des Schloß-
parkes spazieren und kam zu dem See, wo sie die
120 hübschen Entchen zu füttern pflegte, die auf dem
Wasser herumschwammen. Da hörte sie das Liedchen, das der Topf spielte. Überrascht blieb sie
123 stehen. „Wie hübsch!" sagte sie und freute sich,
denn es war das einzige Stück, das sie auf dem Klavier spielen konnte, und das spielte sie mit einem
126 Finger. „Ich denke, es muß der Schweinehirt sein,
denn außer ihm wohnt ja niemand dort unten. Nun,
wenn er das spielen kann, dann ist er nicht nur ge-
129 schickt, sondern auch wirklich gebildet. Geh hin und
frage ihn, wieviel das Instrument kostet!"
Und da mußte eines der Fräulein hinuntergehen.
132 Aber sie zog vorher ein Paar Holzschuhe an und
hob ihren Rock hoch, weil der Hof vor dem Schweinestall so schmutzig war und sie mit ihren sauberen
135 Schuhen nicht durch den Dreck gehen wollte.
„Was verlangst du für das Ding?" fragte sie.
„Ich will zehn Küsse von der Prinzessin haben",
138 erwiderte der Schweinehirt.
„Pfui!" sagte das Fräulein, „du solltest dich
schämen!"

149 roh  crude, rude; raw
159 ärgerlich  annoying
160 der Kreis, -e  circle
162 sich auf-stellen  to line up
    bilden  to form
163 der Mantel, ⁻  cloak, overcoat
165 dafür  for it, in exchange

141 „Zehn Küsse, oder der Topf bleibt hier", erwiderte der Schweinehirt.

„Nun, wieviel will er?" fragte die Prinzessin, als
144 das Fräulein wiederkam. „Ich kann es nicht wiederholen", antwortete das Fräulein, „es ist zu schrecklich."
147 „Dann sage es mir leise ins Ohr!" befahl die Prinzessin. „Pfui! Was für ein roher Mensch!" sagte dann
150 auch sie und ging weg. Als aber nach einer Weile der Topf zum zweiten Male zu spielen begann, blieb sie wieder stehen und sandte dieselbe Hofdame noch
153 einmal hinunter. „Frage ihn, ob er zufrieden ist, wenn er zehn Küsse von einer Hofdame bekommt!" sagte sie.

156 „Nein, danke!" sagte der Schweinehirt. „Entweder kriege ich zehn Küsse von der Prinzessin, oder ich behalte meinen Topf."
159 „Wie ärgerlich!" rief die Prinzessin, als sie das hörte. „Nun, dann müßt ihr alle in einem Kreis um mich herumstehen, damit niemand es sieht!" Und so
162 stellten sich die Hofdamen auf, bildeten einen Kreis und hoben ihre Mäntel hoch, und dann gab die Prinzessin dem Schweinehirten seine zehn Küsse und
165 bekam dafür den Topf.

## 3.

Nun, war das eine Lust und Freude, als die Prin-

169 die Wohnung, -en
dwelling, apartment
173 die Erbse, -n   pea
174 das Ei, -er   egg
der Schinken, -   ham
175 Gesellschaft haben
to give a party
die Gesellschaft, -en
company, society, party
177 der Karpfen, -   carp
178 der Hecht, -e   pike
die Forelle, -n   trout
182 vor allem   above all
183 davon   about it
185 indes(sen)   meanwhile
tätig   active
186 vorbei-gehen   to go by
fleißig   diligent(ly)
188 basteln an + *dat.*
to putter with
189 pfiff (pfeifen)   whistled
190 es kamen ... heraus
there came out of it
191 lustig   jolly, merry, gay
195 die Luft, ⁻e   air
198 kommen nicht in Frage
are out of the question

zessin ihren Topf hatte! Sie gab ihm keine Ruhe; den ganzen Abend und den ganzen Tag mußte er kochen. Es gab in der ganzen Stadt keine Wohnung, von der man nicht wußte, was die Menschen darin aßen. Die Hofdamen lachten, hüpften, tanzten und schrien vor Vergnügen. „Wir wissen, wer heute abend Schweinefleisch mit Erbsen bekommt! Fräulein Schmock hat Eier mit Schinken! Und Frau Schnuck hat morgen sicher große Gesellschaft, denn sie bäckt Kuchen! Und—sieh da!—die dicke Frau Klotz brät... Was für Fische sind denn das? Karpfen? Hechte? Nein. Wahrscheinlich Forellen. Wie interessant! Und Frau Knacker, diese alte Hexe, brät sich ein Hühnchen!" Die Prinzessin lachte und tanzte mit den anderen, aber dann sagte sie plötzlich: „Schreit nicht so laut und sagt vor allem niemand etwas davon, denn ich bin die Tochter des Kaisers!" —„Natürlich nicht!" antworteten die Hofdamen.

Indes war der Schweinehirt tätig wie immer. Er ließ keinen Tag vorbeigehen, ohne fleißig an etwas zu arbeiten. Das nächste Instrument, an dem er bastelte, war eine Pfeife aus Holz. Wenn man sie in den Mund steckte und hineinblies, dann pfiff man die schönste Musik, und es kamen allerlei Walzer und Polkas heraus, die so lustig waren, daß jeder, der sie hörte, sofort zu tanzen anfing. „Ach, das ist wirklich *superbe!*" sagte die Prinzessin, als sie wieder einmal mit ihren Hofdamen durch die Anlagen zum See hinunterging, um die frische Luft zu genießen. „Schönere Musik als diese gibt es in der ganzen Welt nicht. Geh hinein und frage, was das

204 allein but
205 ich darf nicht I must not
206 schließlich after all
207 die Aufgabe, -n obligation;
     assignment
    ja indeed
    die Pflicht, -en duty
208 die Kunst, ⁻e art
    fördern to promote, further
210 höchstens at (the) most
    übrig remaining
212 gar nicht not at all
214 der Knecht, -e farmhand
216 der Unsinn nonsense
221 gewohnt used
    handeln to bargain, haggle

198 Instrument kostet. Aber Küsse kommen nicht in Frage!"

„Diesmal will er hundert Küsse von der Prin-
201 zessin haben", berichtete die Hofdame, als sie zurückkam. „Unter hundert tut er es nicht, sagt er."
„Der Narr!" rief die Prinzessin und begann wei-
204 terzugehen. Allein nach einer Weile blieb sie stehen
und sagte: „Nein, ich darf nicht immer nur an mich
selbst denken. Ich bin schließlich des Kaisers Toch-
207 ter, und als solche habe ich die Aufgabe, ja die
Pflicht, die Künste zu fördern. Lauf schnell zurück
und sage ihm, er soll zehn Küsse von mir haben.
210 Höchstens zehn, nicht mehr! Die übrigen Küsse bekommt er von meinen Hofdamen!"

„Aber das tun wir gar nicht gern", antworteten
213 die Damen; „der Mann ist so schmutzig—noch
schmutziger als die Knechte, wenn sie abends von
der Feldarbeit zurückkommen."

216 „Was für ein Unsinn!" erwiderte die Prinzessin;
„wenn ich ihn küssen kann, dann könnt ihr es auch.
Vergeßt bitte nicht, daß mein Vater euch bezahlt,
219 damit ihr tut, was ich befehle!"

„O nein!" sagte der Schweinehirt. „Ich bin nicht
gewohnt zu handeln. Entweder ich bekomme die
222 hundert Küsse von der Prinzessin, oder ich behalte
meine Pfeife für mich."

„Dann stellt euch wieder um mich herum!" be-
225 fahl die Prinzessin und hob ihren Rock mit beiden
Händen hoch, während sie durch den Dreck im Hof
bis zu dem Schweinestall ging, und die Hofdamen

| 232 | die Wurzel, -n   root |
|---|---|
| 237 | nieder   down |
| 239 | oben   upstairs |
| 242 | auf kurze Zeit   for a short time |
|  | die Mühe, -n   trouble, effort, pain |
| 244 | auf-wachen   to wake up |
| 245 | klang (klingen)   sounded |
| 246 | scharlachrot   scarlet red |
|  | der Schlafrock, ⁻e   dressing gown, robe |
|  | gelb   yellow |
| 247 | der Hausschuh, -e   slipper |
| 248 | der Betrieb   activity |
| 251 | die Brille, -n   (eye)glasses; pair of glasses |

228 folgten ihr und hoben auch ihre Mäntel hoch, damit niemand etwas sehen konnte, und dann fing das Küssen an. Eins, zwei, drei, vier, fünf usw. Der

231 Schweinehirt nahm sich Zeit, die Prinzessin wurde rot bis auf die Haarwurzeln, und die Hofdamen lachten. Aber sie lachten zuerst sehr leise, damit

234 die Prinzessin sie nicht hören konnte. Zehn, zwanzig, dreißig, vierzig. Und nun wurden die Hofdamen müde und ließen eine nach der anderen ihre Mäntel

237 niederfallen, weil das Küssen so lange dauerte.

## 4.

Während all dies geschah, lag der Kaiser auf seinem Bett oben im Schloß und schlief und träumte von

240 Rosen und Nachtigallen und seiner lieben Frau. Er kannte kein größeres Vergnügen, als nachmittags ein wenig zu schlafen und auf kurze Zeit die Mühen

243 und Sorgen des Tages zu vergessen. Auf einmal wachte er auf. Was war das? Hörte er richtig? Es klang wie lautes Lachen. Er sprang aus dem Bett,

246 zog seinen scharlachroten Schlafrock und seine gelben, spitzen Hausschuhe an und lief zum offenen Fenster. „Was ist das für ein Betrieb da unten beim

249 Schweinestall? Was für eine Menschenmenge!" rief er und rieb sich die Augen, denn er konnte ohne seine Brille zunächst nicht sehen, w e r es war.

252 „Ich glaube, es ist meine Tochter mit ihren Hofdamen", sagte er dann. „Was tun sie nur dort? Ich muß hinuntergehen." Schnell setzte er seine Krone

255 auf, vergaß aber, daß er noch Schlafrock und Haus-

257 auf den Zehenspitzen
on tiptoe
die Zehe, -n  toe
259 mit großem Eifer
very zealously
der Eifer  zeal
263 strecken  to stretch
267 etwas schief  somewhat
crookedly
268 das Haupt, ¨er  head
zittern  to tremble, shake
269 der Zorn  rage, wrath
277 die Mauer, -n  wall
278 klagen über + acc.
to lament; complain about
die Ungerechtigkeit, -en
injustice
280 der Regen  rain
in Strömen  in buckets
der Strom, ¨e  (large)
river; current; stream
283 selbst wenn  even if

schuhe anhatte, und lief hinunter. Sobald er in die
Nähe des Schweinestalls kam, ging er ganz leise auf
den Zehenspitzen, und weil die Hofdamen damit beschäftigt waren, mit großem Eifer die Küsse zu
zählen, damit der Schweinehirt weder zu viele noch
zu wenige bekam, merkten sie gar nicht, daß der
Kaiser plötzlich hinter ihnen stand. „Was ist das?"
rief der Kaiser und streckte seinen Hals, denn er
war dick und klein und mußte über die Schultern
der Hofdamen sehen. Und nun wurde er ganz rot
vor Ärger, als er sah, daß die beiden sich küßten. So
böse war er, daß sogar die Krone, die etwas schief
auf seinem Haupte saß, zu zittern begann. „Hinaus
mit euch!" schrie er voller Zorn und schlug beide
mit einem seiner Hausschuhe an den Kopf, gerade
in dem Augenblick, in dem die Prinzessin dem
Schweinehirten seinen sechsundachtzigsten Kuß
gab. „Hinaus mit euch!" Und er rief seine Soldaten
und befahl, beide an die Grenze zu bringen und aus
seinem Reich zu treiben.

Da saß nun die Prinzessin auf der harten Erde
draußen vor den Mauern des Königreiches und
klagte über die Ungerechtigkeit der Welt und weinte
heiße Tränen, und der Schweinehirt stand neben
ihr und schwieg, und der Regen fiel in Strömen auf
sie nieder.

„Ach, ich armes Mädchen", sagte die Prinzessin.
„Warum nahm ich nicht den Prinzen, selbst wenn
er mir diese dummen Geschenke sandte? Ach, wie
unglücklich ich bin!"

Da ging der Schweinehirt hinter einen Baum,

287 wischen  to wipe
288 riß ab (reißen)  tore off
    warf (werfen, wirft)  threw
289 die Kleider  clothes
    das Kleid  dress
    trat (treten, tritt)  stepped
291 trauen (*with dat.*)  to trust
299 dafür  for it
    wandte (wenden)  turned
301 vor der Nase  in her face
302 naß  wet
304 tief aus dem Herzen
    from the depth of her heart

wischte die braune und schwarze Farbe aus dem
Gesicht, riß den falschen Bart ab, warf die alten
schmutzigen Kleider zu Boden und trat nun als ein
herrlicher Prinz vor sie, so schön, daß die Prinzessin ihren Augen nicht traute, als sie ihn erblickte.
„Ja", sagte er, „ich bin der Prinz, den du nun
haben möchtest. Jetzt aber will ich dich nicht. Du
wolltest keinen Prinzen, der dir sein Herz zeigte, du
verstandest nicht die natürliche Rose und die lebendige Nachtigall, aber einen schmutzigen Schweinehirten konntest du küssen wegen einer dummen
Pfeife aus Holz und eines Topfes aus Eisen! Und was
hast du jetzt dafür? Nichts." Und damit wandte er
sich von ihr und ging in sein Königreich und machte
ihr die Tür vor der Nase zu.

Sie aber stand jetzt ganz naß draußen im Regen
und konnte, wenn sie wollte, ein Liedchen singen,
das ihr nun wirklich tief aus dem Herzen kam:

„Ach, du lieber Augustin, Augustin, Augustin,
ach, du lieber Augustin,
alles ist hin!"

# Übungen

## I. FRAGEN ZUM TEXT

*1.*

1. Wie klein war das Königreich des Prinzen?
2. Wofür (for what) war sein Königreich groß genug?
3. Wen möchte der Prinz heiraten?
4. Wann blühte der Rosenbusch des Prinzen?
5. Wie wunderbar war die Rose?
6. Wie schön sang die Nachtigall?
7. Was machte die Prinzessin, als der Wagen in den Hof fuhr?
8. Warum wollte die Prinzessin die Rose nicht haben?
9. Woran (of what) erinnerte die Stimme der Nachtigall den Kaiser?
10. Was gestattete die Prinzessin dem Prinzen nicht?

*2.*

11. Was tat der Prinz mit seinem Gesicht?
12. Was zog er an?
13. Was fragte er den Kaiser?
14. Wo war das Zimmer des Prinzen?
15. Was machte der Prinz in der Nacht?
16. Beschreiben Sie (describe) den Topf!
17. Was konnte man riechen, wenn man den Finger in den Topf hielt?
18. Worauf (on what) und wie spielte die Prinzessin das Liedchen?
19. Was verlangte der Schweinehirt für den Topf?
20. Was machten die Hofdamen, als die Prinzessin dem Prinzen die zehn Küsse gab?

*3.*

21. Was wußte man nun von jeder Wohnung in der Stadt?
22. Was sagte die Prinzessin plötzlich zu den Hofdamen?
23. Was für ein Instrument machte der Schweinehirt diesmal?
24. Was tat jeder, der die Walzer und Polkas hörte?
25. Was verlangte der Prinz für die Pfeife?

26. Welche Aufgabe hatte die Prinzessin als Tochter des Kaisers?
27. Was wollte sie für die Pfeife geben?
28. Warum müssen die Hofdamen tun, was die Prinzessin ihnen befiehlt?
29. Wie lachten die Hofdamen?
30. Warum wurden die Hofdamen so müde?

### 4.

31. Wovon (of what) träumte der Kaiser?
32. Was war das größte Vergnügen des Kaisers?
33. Was zog der Kaiser an?
34. Warum merkten die Hofdamen nicht, daß der Kaiser plötzlich hinter ihnen stand?
35. Warum wurde er rot vor Ärger?
36. In welchem Augenblick schlug der Kaiser den Prinzen und die Prinzessin an den Kopf?
37. Was befahl der Kaiser seinen Soldaten?
38. Worüber (about what) klagte die Prinzessin?
39. Was machte der Schweinehirt hinter dem Baum?
40. Was konnte die Prinzessin jetzt draußen im Regen tun?


## II. WORTBILDUNG

**A.** More easily recognizable words. Repeat them after your instructor.

die Anthropologie
die Anthologie, -n
die Zoologie
die Botanik
die Autorität, -en
die Quantität, -en
die Elektrizität
die Universität, -en
die Bibliothek, -en
die Harmonie, -n
die Industrie, -n
der Industrialist, -en, -en
das Kapital, -ien or -e
der Kapitalist, -en, -en
der Kommunismus

der Kommunist, -en, -en
der Sozialismus
der Sozialist, -en, -en
die Anarchie
der Anarchist, -en, -en
der Missionar, -e
der Planet, -en, -en
der Astronaut, -en, -en
das Atom, -e
die Atombombe, -n
das Hotel, -s
die Komödie, -n
die Tragödie, -n
der Ingenieur, -e
der Terrorist, -en, -en

**B. Compounds**

**1.** The following noun + noun compounds have appeared in Story 5.

| | |
|---|---|
| das Königreich | die Königstochter |
| der Schweinehirt | der Rosenbusch |
| der Schweinestall | die Feldarbeit |
| die Schweineherde | der Holzschuh |
| das Schweinefleisch | der Hausschuh |
| der Scholßhof | der Schlafrock |
| die Hofdame | die Menschenmenge |
| der Federball | der Augenblick |
| der Strohhaufen | auf den Zehenspitzen |

**2.** Here are a few more compounds you have not yet seen, but they should give you little difficulty, if any. In most cases you have already encountered both component parts.

| | |
|---|---|
| das Taschengeld | der Kindergarten, ⸚ |
| das Toilettenpapier | das Nachbardorf, ⸚er |
| die Luftpost | die Tanzmusik |
| der Briefträger, - | der Wintermantel, ⸚ |
| der Schuhmache, - | das Feuerwasser |
| das Wasserbett, -en | der Familienname, -n |
| die Wasserlilie, -n | die Abendzeitung, -en |
| der Automechaniker, - | die Tomatensuppe, -n |
| der Eisberg, -e | das Blutbad, ⸚er |
| der Bergsteiger, - | das Massengrab, ⸚er |
| der Wasserfall, ⸚e | der Blumentopf, ⸚e |
| die Banknote, -n | die Zahnschmerzen (*pl.*) |

**3.** Both components of each of the following eighteen compounds are known to you, but their combination is perhaps not so easy to figure out. See what you can do, then check your solutions afterward against the keyed equivalents.

| | |
|---|---|
| 1. der Weinberg, -e | 8. der Raubvogel, ⸚ |
| 2. das Nasenloch, ⸚er | 9. das Zwielicht |
| 3. der Landwirt, -e | 10. der Herzensbrecher, - |
| 4. der Fingerhut, ⸚e | 11. der Schlafanzug, ⸚e |
| 5. die Landkarte, -n | 12. das Haarwasser |
| 6. die Landesgrenze, -n | 13. der Gasherd, -e |
| 7. der Zugvogel, ⸚ | 14. das Blasinstrument, -e |

**15.** das Mundwasser  
**16.** der Backenbart, ∺e  
**17.** die Gesichtsfarbe  
**18.** der Backstein, -e  

**4.** German forms adjective + noun compounds as does English (for example, *an oldtimer, a lowbrow, the newcomers, the latecomers, a blackbird*). You have already seen the following:

der Dummkopf  
der Edelstein  
das Spezialgeschäft  

das Frühstück  
das Frühjahr  

Here are some fairly easy new ones.

die Großstadt, ∺e  
die Kleinstadt, ∺e  
die Altstadt  
die Neustadt  
das Sauerkraut  
der Großvater, ∸  
die Großmutter, ∸  
die Großeltern (*pl.*)  

der Lautsprecher, -  
die Halbzeit  
das Neujahr  
der Neujahrsabend, -e  
der Geheimdienst  
das Rohmaterial, -ien  
das Grünhorn, ∺er  

And the following are seven more difficult ones.

das Fernsehen   television  
der Fernsprecher, -   telephone  
das Fernglas, ∺er   telescope  
der Fernsehapparat, -e   TV set  
der Fernschreiber, -   teletype  
das Kleingeld   change  
das Hochwasser, -   flood  

## III. SYNTAKTISCHE ÜBUNGEN

**1.** Obwohl (although) das Königreich, das der Prinz besaß, sehr klein war, wünschte er trotzdem, nur die Tochter eines Kaisers—und nicht irgendeine kleine Königstochter—zu heiraten.

1. vineyard 2. nostril 3. farmer 4. thimble 5. map 6. national border 7. migratory bird 8. bird of prey 9. twilight 10. "lady-killer" 11. pajama 12. hair lotion 13. gas range 14. wind instrument 15. mouthwash 16. sideburns 17. complexion 18. brick

2. Den Busch, dessen einzige Blume nur jedes fünfte Jahr blühte, bestimmte er für die Prinzessin.

3. Wenn man die Nachtigall hörte, die kein künstlicher, sondern ein natürlicher Vogel war, vergaß man sogleich alle seine Sorgen und Schmerzen.

4. Sobald der Prinz—jetzt war er, wie wir wissen, Schweinehirt—sein Zimmerchen unten am Seeufer bekam, fing er an, an einem Topf zu arbeiten, an dessen Seiten kleine Glöckchen herunterhingen, die jedesmal klingelten, wenn das, was darin war, zu kochen begann.

5. Das einzige Lied, das die Prinzessin mit einem Finger auf dem Klavier spielen konnte, spielte nun der Topf, den der Prinz während seiner freien Zeit spät am Abend und in der Nacht gemacht hatte.

6. Um den musikalischen Topf, den die Prinzessin um jeden Preis kaufen wollte, mit Hilfe einer ihrer Hofdamen von dem Schweinehirten zu bekommen, mußte sie ihm erst zehn Küsse geben.

7. Als sie zurückkam, berichtete die Hofdame, der die Prinzessin befohlen hatte, zum See hinunterzugehen, daß der Schweinehirt diesmal nicht weniger als hundert Küsse von ihr verlangte, wenn sie die Pfeife von ihm wollte.

8. Der Kaiser, der schnell seine Krone aufgesetzt hatte, hatte vergessen, daß er noch Hausschuhe und Schlafrock anhatte, und das war geschehen, weil er so schnell wie möglich wissen wollte, ob seine Tochter, die er zu erkennen glaubte, wirklich in der Menschenmenge war, die da unten am See so laut lachte.

9. Daß der Kaiser, der ganz leise gegangen war, plötzlich hinter ihnen stand, merkten die Hofdamen erst, als er, der dick und klein war, über ihre Schultern sah und seine Tochter gerade in dem Augenblick erblickte, in dem sie dem Schweinehirten den sechsundachtzigsten Kuß gab.

# 6. Der Alte

# Notes

## Two meanings of "indem"

The subordinating conjunction indem may mean

1. *while* if its meaning is *temporal*. It expresses *simultaneity*.

   Indem er das sagte, starb er. While saying this he died.

2. *by* (plus present participle) if it indicates *the way in which something is done.*

   Sie taten der menschlichen Gesellschaft einen Gefallen, *indem* sie ihn ins Gefängnis schickten. They did human society a favor by sending him to prison.

   Er bildete seinen Geist, *indem* er die Zeitung las. He educated his mind by reading the paper.

## Summary of idioms in Story 6 (for later review)

| | | |
|---|---|---|
| 2 | halten für | to believe to be, to consider |
| 21 | es ging ihm gut | he was doing well |
| 35 | trauern um | to mourn, lament |
| 37 | auf Kosten + *gen.* | at the expense of |
| | auf meine Kosten | at my expense |
| 44 | auswendig | by heart |
| 59 | sich fürchten vor + *dat.* | to be afraid of |
| 64 | zur Welt kommen | to be born |
| 65 | fehlen an + *dat.* | to lack, be short of |
| | es fehlt mir immer an Geld | I am always short of money |
| 70 | wieder einmal | once again |
| 71 | vor allen Dingen | above all |
| 74 | möglichst groß | as large as possible |
| 107 | suchen nach | to look for |
| 124 | weit und breit | far and wide |
| 134 | es wurde ihm heiß | he was getting hot |
| 150 | so etwas | something like that |

| 174 | auf keinen Fall | under no circumstances |
| 200 | auf jeden Fall | in any case |
| 216 | immer wieder | again and again |
| 223 | sich fertig machen | to get ready |
| 225 | er trug es bei sich | he carried it on him |
| 226 | gegen elf Uhr | toward eleven o'clock |
| 236 | der Zeitung nach | according to the newspaper |
| 241 | auf Wiedersehen! | goodbye |
| 242 | große Augen machen | to be surprised |
| 244 | das war ihm gleich | that was all the same to him |
| 249 | im voraus | in advance, ahead of time |
| 255 | so ist das Leben | such is life |
| 265 | im allgemeinen | in general |
| 271 | kein Wunder | no wonder |
| 273 | es gelang ihm nicht | he did not succeed |
| 288 | heute nachmittag | this afternoon |
| | im Alter von | at the age of |

## *Prereading vocabulary*

Study the following words before you start to read the next story. The second section lists, in order of appearance, the simple past tense forms of strong and irregular verbs that will occur in this story for the first time. An alphabetically arranged list of all strong and irregular verbs used in Stories 5 and 6 is provided at the end of the *Übungen* in this chapter (see item IV).

*Basic words, cognates, and loan words*

der April
der Arm, -e  arm
der Buchmacher, -
der Charakter, die Charaktere
die Chance, -n
das Datum, die Daten  date
der Durst  thirst
der Doktor, die Doktoren

der Geist, -er  ghost; spirit, mind, intellect
das Kapital
die Kosten (*pl.*)  cost, expense(s)
die Lippe, -n  lip
die Manieren (*pl.*)  manners
der Mord, -e  murder
das Motto, -s
die Person, -en

der Pfennig, -e "penny"
  (100th of a Mark)
der Platz, ⁼e   place, square
der Respekt
der Schwindler, -
die Seele, -n   soul
der Sitz, -e   seat
der Spezialist, -en, -en
das Studium, die Studien
  study, studies
das Taxi, -s
der Tee, -s
das Telefon (or Telephon)
das Wunder, -   wonder, miracle

elegant
ernst   earnest, serious
klar   clear
nervös

interessieren
lieben   to love
passieren   to happen
rollen
sinken
starren   to stare
studieren

tausend   thousand

*Simple past tense forms*

16   glich (gleichen)
        to be like, look like
29   durfte (dürfen)
41   las (lesen, liest)
81   fand statt (statt-finden)
        to take place
87   bog (biegen)   to turn; bend
90   schien (scheinen)
        to seem, appear; shine

95   nannte (nennen)
124  befand sich (sich
        befinden)   to be
144  brannte (brennen)
        to burn
160  brachte (bringen)
162  gewann (gewinnen)
208  bat (bitten)
224  schrieb (schreiben)
226  verließ (verlassen)
228  kam an (an-kommen)
        to arrive
234  verschwand
        (verschwinden)
        to disappear, vanish
258  drang (dringen)
        to push, press
273  es gelang ihm (gelingen)
        he succeeded
276  erschien (erscheinen)
        to appear
287  starb (sterben, stirbt)
297  glitt (gleiten)   to slide,
        glide

der Alte, -n, -n   the old man
1   wer   whoever
2   halten für + *acc.*   to believe
       to be
3   der Buchhalter, -
       bookkeeper, accountant
    die Kleidung (*sg.*)   clothes
5   die Art, -en   manner, way
    reden   to speak, talk
    ungebildet   uneducated
7   gewinnend   winning
    das Wesen, -   personality
8   der Eindruck, ⁻e   impression
10  täglich   daily
12  kennen-lernen   to get to know,
       to meet
    trauen   to trust
    gewöhnlich   usual(ly)
14  Geschäfte machen
       to do business
16  etwas dunkler Art
       of a somewhat shady kind
    glich (gleichen) (*with dat.*)
       to be like
17  der Grad, -e   degree

# 6. Der Alte

## 1.

Tobias Puff war kein Mann von Charakter. Wer ihn nicht kannte, hielt ihn für einen kleinen Geschäftsmann, vielleicht einen Buchhalter. Seine Kleidung war einfach, aber gut, weder elegant noch billig; seine Art zu reden war nicht ungebildet; er besaß angenehme Manieren und, wenn es seinen Zwecken diente, ein freundliches, gewinnendes Wesen. Tobias Puff wußte, daß er keinen schlechten Eindruck machte und daß dieser Eindruck der Grund war, warum er es nicht schwer fand, sein tägliches Brot ohne große Mühe zu verdienen. Die Menschen, die er kennenlernte, trauten ihm gewöhnlich, und Tobias Puff brauchte solche Leute. Er machte zwar Geschäfte, aber er war kein Geschäftsmann im gewöhnlichen Sinne, denn seine Geschäfte waren etwas dunkler Art, und einem Buchhalter glich er nur bis zu einem gewissen Grade: auch er hatte etwas mit Büchern zu tun—nur waren es wieder keine gewöhnlichen Bücher. Um es kurz mit einem Wort zu sagen: Tobias Puff war ein Buchmacher

| 21 | als solchem ging es ihm ganz gut   as such he was doing quite well |
|---|---|
| 22 | die Freiheit   freedom |
| | atmen   to breathe |
| 23 | fest   solid, firm |
| | das Gefängnis, -se   jail, prison |
| 24 | außen   outside |
| 25 | der Richter, -   judge |
| 26 | menschlich   human |
| | der Gefallen, -   favor |
| 27 | indem sie ... schickten   by sending |
| 28 | einige Zeit lang   for some time |
| 29 | innen   inside |
| | durfte (dürfen)   was allowed |
| 31 | seit langem   long since |
| 33 | die Ruhe   quiet, rest |
| | der Friede(n), -(n)s   peace |
| | für sich   to himself |
| 35 | trauern um + *acc.*   to grieve for, mourn |
| 37 | die Kosten (*pl.*)   expense(s), cost |
| 38 | erstens, zweitens, drittens   first(ly), second(ly), third(ly) |
| 39 | die Zukunft   future |
| 40 | der Geist   mind, intellect |
| | indem er ... las   by reading |
| 41 | die Seite, -n   page |
| 42 | das Pferd, -e   horse |
| | das Rennen, -   race |
| | ein Studium, bei dem   a study for which |
| 44 | auswendig   by heart |
| 47 | das Fach, ⁻er   field, subject |
| | gehören zu   to be part of |
| 50 | die Küche, -n   kitchen |
| | schälen   to peel |
| 51 | sägen   to saw |

21 und ein Schwindler. Als solchem ging es ihm ganz
gut, solange er die frische Luft der Freiheit atmete
und die dicken, festen Mauern des Stadtgefäng-
24 nisses von außen sah. Es ging ihm weniger gut,
wenn die Polizei und die Richter es für richtig hielten, der menschlichen Gesellschaft einen Gefallen
27 zu tun, indem sie ihn von Zeit zu Zeit ins Gefängnis
schickten, wo Tobias Puff dann einige Zeit lang die
Außenwelt von innen studieren durfte.
30 Gefängnisse waren für Tobias Puff nichts Neues.
Er klagte seit langem nicht mehr über die Ungerechtigkeit von Richtern, die ihm nicht erlaubten,
33 in Ruhe und Frieden für sich zu leben und seine
kleinen Geschäfte zu machen, denn er wußte, daß
die Welt ihn nicht verstand. Und er trauerte auch
36 nicht zu sehr um die Wochen, Monate, manchmal
sogar Jahre, während deren er auf Kosten des
Staates im Gefängnis saß. Erstens machte er dort
39 neue und bessere Pläne für die Zukunft. Zweitens
bildete er seinen Geist, indem er jeden Tag die
Zeitung las und mit besonderem Eifer d i e Seiten
42 studierte, auf denen die Pferderennen standen—ein
Studium, bei dem er keinen Lehrer brauchte, denn
er kannte die Namen fast aller Pferde auswendig
45 und wußte genau, wie gut ihre Chancen waren und
wieviel man bei jedem verdienen konnte. Pferde
waren Tobias Puffs besonderes Fach; sie gehörten
48 schließlich zu seinem Geschäft. Und drittens war
Tobias Puff nie ohne Geld, weil er, anstatt in der
Küche Kartoffeln zu schälen oder im Gefängnishof
51 Holz zu sägen, keine Gelegenheit vorbeigehen ließ,

| | |
|---|---|
| 52 | das Gebiet, -e   area, field |
| 53 | irgendwie   somehow |
| 56 | durchaus nicht   by no means, not at all |
| | genoß (genießen)   enjoyed |
| 57 | der Gefangene, -n, -n   prisoner |
| 58 | sich leisten   to afford |
| 61 | trösten   to console |
| 62 | eigentlich   actual(ly) |
| 63 | dar-stellen   to represent |
| 65 | fehlen an + *dat.*   to be short of, lack |
| | der Kunde, -n, -n   customer |
| 67 | auf-nehmen   to take up, resume |
| 71 | vor allen Dingen   above all |
| 74 | ordentlich   tidy |
| | möglichst groß   as large as possible |
| 77 | genügen   to be enough, suffice |
| 79 | dazu   for that |
| | je mehr, desto besser   the more, the better |

kleine Wetten zu organisieren—ein Gebiet, auf dem
er Spezialist war—und irgendwie immer einen klei-
54 nen Profit in die eigene Tasche zu stecken.
Das Leben, das er auf diese Weise führte, war
also durchaus nicht unangenehm. Er genoß den
57 Respekt der meisten anderen Gefangenen, er konnte
sich leisten, was er brauchte, und er hatte wenig
Grund, sich vor der Zukunft zu fürchten. Es war
60 ihm klar, daß man nicht hoffen konnte, im Gefängnis ein reicher Mann zu werden, aber er tröstete
sich mit dem Gedanken, der eigentlich das Motto
63 seines Lebens darstellte: „Für jeden Dummkopf,
der stirbt, kommen zehn neue Dummköpfe zur
Welt." An neuen Kunden konnte es ihm nicht feh-
66 len, sobald er wieder draußen war und seine Geschäfte aufnehmen konnte. Warum sich also Sorgen
machen?


2.

69 In dem Augenblick, in dem diese Geschichte anfängt,
war Tobias Puff seit einigen Tagen wieder einmal
ein freier Mann. Was er jetzt vor allen Dingen
72 brauchte, dachte er, war Geld, und wenn Tobias
Puff von Geld sprach, dann meinte er nicht Pfennige
oder ein paar Mark, sondern eine ordentliche, mög-
75 lichst große Summe. Für sich selbst hatte er noch
mehr als genug, um während der nächsten paar
Monate ohne Sorgen zu leben, aber es genügte
78 nicht, um seine kleinen dunklen Geschäfte wieder
anzufangen. Dazu brauchte er Kapital. Je mehr,

| 81  | der Freitag—der Samstag<br>Friday—Saturday |
|-----|---|
|     | fand statt (statt-finden)<br>took place |
| 83  | gelöst  solved |
|     | rechnen auf + *acc.*  to count on |
| 86  | eng  narrow |
| 87  | die Ecke, -n  corner |
|     | bog (biegen)  turned |
|     | husten  to cough |
| 88  | die Gestalt, -en<br>figure, shape, form |
| 89  | die Wand, ⁻e  wall |
| 90  | schien (scheinen)  seemed |
| 93  | sich denken  to imagine |
| 95  | nannte (nennen)  called |
| 97  | die Gesichtszüge (*pl.*)<br>features (of the face) |
| 98  | die Mütze, -n  cap |
| 108 | die Weste, -n  waistcoat, vest |
| 109 | reichen  to hand (to) |
| 110 | der Fremde, -n, -n  stranger |

desto besser, und möglichst bald. Nun, heute war Freitag, und morgen, am Samstag, fand das größte Pferderennen des Jahres statt. Morgen war sein Problem gelöst. Er wußte, auf welche Pferde er sicher rechnen konnte.

Als er nach einem späten Abendessen durch die engen, dunklen Straßen nach Haus ging und eben um die letzte Ecke bog, hörte er jemand leise husten und sah zu seiner Linken eine Gestalt an der Hauswand stehen. Er konnte die Gestalt nicht klar sehen, aber es schien jemand zu sein, der ihn kannte und auf ihn wartete, denn die Person fing plötzlich an zu sprechen und rief ihn sogar bei seinem Namen. „Hallo, Puffer!" sagte die Stimme. Er konnte sich nicht denken, woher der Mann den Namen kannte. Nur seine besten Freunde nannten ihn Puffer. Tobias Puff wandte sich um. Es war zu dunkel, um die Gesichtszüge zu erkennen; alles, was er sah, waren weiße Haare, die unter der Mütze hervorhingen, und ein langer weißer Bart. „Ja?" erwiderte Tobias Puff und wartete. Er war sicher, daß er den Mann nicht kannte; unter seinen Freunden und Bekannten war niemand mit einem weißen Bart.

„Was wollen Sie? Wer sind Sie?" fragte er kurz, als der Alte nicht antwortete.

„Ich bin alt und schwach, Puffer", sagte der Fremde, „und es ist kalt."

„Er will Geld", dachte Puffer und suchte in seiner Westentasche nach einem Fünfzigpfennigstück. „Hier!" sagte er und reichte es dem Alten. Aber der Fremde nahm es nicht.

124 er befand sich (sich befinden)
   he was, found himself
   weit und breit  far and wide
125 die Seele, -n  soul
128 der Ärmel, -  sleeve
   flüstern  to whisper
132 passieren  to happen
134 jetzt wurde ihm
   now he was getting
135 zugleich  at the same time
136 doch!  yes, it is!

„Ich wollte Ihnen etwas verkaufen, Puffer", sagte er.

„Verkaufen?" fragte Tobias Puff überrascht. Er traute dem Mann nicht. „Ich kenne Sie nicht."

„Aber ich kenne S i e, Puffer", entgegnete der Alte. „Ich wollte Ihnen eine Zeitung verkaufen. Es ist keine gewöhnliche Zeitung."

„Was wollen Sie damit sagen ... keine gewöhnliche Zeitung?" fragte Tobias Puff.

„Es ist die Abendzeitung von morgen", entgegnete der Alte.

„Der arme Narr", dachte Tobias Puff. Aber er wurde trotzdem etwas nervös. Die enge Seitenstraße, in der er sich befand, war dunkel, und weit und breit war keine Seele zu sehen.

„Ich brauche keine Zeitung", sagte er kurz, aber nicht unfreundlich und wollte gehen, als der Alte ihn am Ärmel festhielt und flüsterte: „Nehmen Sie die Zeitung! Sie wissen nicht, wie wichtig sie für Sie ist. Sie werden der einzige Mensch in der Welt sein, der weiß, was in den nächsten vierundzwanzig Stunden passieren wird. Wissen Sie, was in der Zeitung steht? Die Pferde, die morgen gewinnen werden!"

„Unsinn!" rief Puffer. Aber jetzt wurde ihm heiß und kalt zugleich.

„Doch!" sagte der Alte und drückte ihm die Zeitung in die Hand. „Lesen Sie selbst!"

Das Geldstück, das Tobias Puff in der Hand hielt, fiel zur Erde und rollte auf die Straße. Tobias Puff hörte jemand leise lachen. Es mußte der alte Mann sein, aber Tobias Puff sah ihn nicht mehr.

| | |
|---|---|
| 143 | quer gegenüber<br>  diagonally across |
| 144 | brannten (brennen)<br>  were burning |
| 145 | Sonnabend  Saturday |
| 146 | darauf  on it |
| 148 | die Zahl, -en  figure, number |
| 149 | der Zweifel, -  doubt |
| 151 | stimmen  to be correct |
| 154 | das Blatt, ¨er  leaf |
| 158 | die Wirtschaft, -en  tavern |
| 159 | der Kellner, -  waiter |
| 160 | brachte (bringen)  brought |
| 162 | setzen  *here:* to bet |
| 163 | „Blitz"  "Lightning"<br>  der Blitz, -e  lightning |
| 165 | wahrscheinlich  probably |
| 168 | der Schweiß  sweat,<br>  perspiration |
| 169 | die Stirn(e), -(e)n  forehead<br>  bestellen  to order<br>  bedienen  to wait upon |

Er war allein. Sein Herz schlug so schnell, daß
er nicht zu laufen wagte. Quer gegenüber war ein
144 Geschäft, in dem noch einige Lichter brannten. Er
ging hinüber und sah auf die erste Seite. „Sonnabend" stand darauf, und das Datum war der 26.
147 (sechsundzwanzigste) April. Heute war der 25.
(fünfundzwanzigste). Die Zahl lügte nicht. Es war
ohne Zweifel die Zeitung von morgen.


### 3.

150 Wie war so etwas möglich? Vielleicht war die Zeitung
vom letzten Jahr. Aber nein, das Datum stimmte,
und auf der ersten Seite stand mehr über einen
153 Mord, den Puffer aus der Zeitung von gestern
kannte. Er wandte die Blätter, bis er zu der Seite
kam, wo die Rennen standen. Ja, hier! Das mußte er
156 studieren. Aber nicht hier auf der Straße. Er steckte
die Zeitung unter den Arm und trat in die nächste
Wirtschaft. Dort setzte er sich an einen leeren Tisch
159 und wartete, bis der Kellner ihm ein Glas Wein
brachte; erst dann legte er die Zeitung auf den
Tisch und öffnete sie. Von den fünf Pferden, auf die
162 er morgen setzen wollte, gewann nur ein einziges,
im zweiten Rennen, und das war „Blitz", ein Pferd,
von dem jedes Kind wußte, daß es gewinnen
165 m u ß t e. Wahrscheinlich zwei zu eins. In der Zeitung stand drei zu eins. Nun, desto besser. Aber die
anderen! Mein Gott!
168 Tobias Puff wischte sich den Schweiß von der
Stirn und bestellte von dem Kellner, der ihn be-

| | |
|---|---|
| 170 | obwohl   although |
| 171 | der Arzt, -̈e   (medical) doctor |
| 174 | auf keinen Fall   on no account, under no circumstances |
| 175 | der Durst   thirst |
| 176 | trocken   dry |
| 182 | durch das Ziel laufen to finish (of horses) das Ziel, -e   goal, aim, target |
| 184 | bedeuten   to mean |
| 186 | das Vermögen, -   fortune |
| 189 | trocknen   to dry |
| 192 | und doch   and yet |
| 195 | der Zeitung nach according to the paper |
| 197 | die Meinung, -en   opinion |
| 200 | auf jeden Fall   in any case |

diente, ein zweites Glas Wein, obwohl er noch die ernste Stimme seines Arztes in seinen Ohren klingen hörte: „Ihr Herz ist nicht sehr stark, Herr Puff. Milch, Herr Puff, Milch! Vielleicht etwas schwachen Tee, aber auf keinen Fall Alkohol!" Der Doktor hatte natürlich recht, aber Tobias Puff hatte Durst, sein Mund war trocken, und er brauchte etwas Starkes.

Als der Kellner zurückkam, versteckte Tobias Puff das Datum der Zeitung mit der Hand. Dann las er weiter. Nicht nur, daß alle anderen Pferde verloren, auf die er setzen wollte; die Pferde, die in den vier übrigen Rennen zuerst durch das Ziel liefen, waren mehr oder weniger unbekannt, und was das bedeutete, wußte jedes Kind. Tobias Puffs Hand zitterte leicht. Was für eine Gelegenheit, ein richtiges Vermögen zu verdienen! Sechs zu eins, fünfzehn zu zwei, neun zu zwei, und das letzte Rennen sogar hundert zu sieben!

Tobias Puff trocknete sich die Stirn und bestellte ein drittes Glas. Er wußte nicht, ob er seinen Augen trauen konnte. Was er sah, schien unmöglich zu sein. Und doch! Vielleicht war es am besten, wenn er morgen im ersten Rennen hundert Mark auf s e i n Pferd setzte und fünfzig Mark auf das Pferd, das der Zeitung nach gewinnen sollte. Während des zweiten Rennens konnte er dann immer noch seine Meinung über die anderen Pferde ändern. Was wirklich zählte, waren die drei letzten Rennen.

Nun, die ganze Sache konnte bis morgen warten. Er brauchte sich nicht zu eilen. Er beschloß, auf

| | |
|---|---|
| 201 | mit-nehmen  to take along |
| 204 | an-rufen  to call (on the telephone) |
| 206 | der Stuhl, ¨e  chair |
| 208 | bat (bitten)  asked |
| 210 | sich duschen  to take a shower |
| 216 | immer wieder again and again |
| 219 | deuten auf + *acc.*  to point to |
| 223 | das Glück  fortune |
| 224 | schrieb (schreiben)  wrote |
| | die Nummer, -n  number |
| | mehrere  several |
| 225 | das Heft, -e  notebook |
| 226 | verließ (verlassen, verläßt) left |
| 227 | die Fahrt, -en  trip, drive |
| | die Eisenbahn, -en railroad, train |
| 228 | die Straßenbahn, -en streetcar |
| | kam an (an-kommen)  arrived |

201 jeden Fall sein ganzes Geld auf den Rennplatz mitzunehmen. Wenn er noch größere Summen setzen
wollte, konnte er immer noch vom Rennplatz einige
204 Buchmacher in der Stadt anrufen, die ihn kannten
und ihm noch trauten.

Tobias Puff hatte einige Mühe, von seinem Stuhl
207 aufzustehen. Er fühlte sich gar nicht wohl. Als er
mit zitternder Hand seine Rechnung bezahlte, bat
er den Kellner, ihm ein Taxi zu bestellen. Er fuhr
210 nach Hause, duschte sich heiß und fiel bald in einen
tiefen Schlaf. Er träumte nicht von Pferden oder
großen Summen Geldes, sondern von einem alten
213 Mann mit weißen Haaren und einem langen Bart.
Tobias Puff konnte das Gesicht nicht genau sehen,
weil es zu dunkel war, aber er hörte ganz klar seine
216 Stimme, die immer wieder dieselben Worte wiederholte: „Hundert zu sieben, hundert zu sieben, hundert zu sieben..."
219 Und mit seinem dünnen Finger deutete der Alte
immer auf eine Zeitung.


4.

Die Morgensonne fand Tobias Puff gesund und
222 frisch. Heute war der große Tag, an dem er vielleicht
sein Glück machen konnte. Er machte sich fertig,
schrieb die Telefonnummern mehrerer Buchmacher
225 in ein kleines Heft, das er immer bei sich trug, nahm
die Zeitung und verließ das Haus gegen elf Uhr. Es
war eine ziemlich lange Fahrt, erst mit der Eisen-
228 bahn, dann mit der Straßenbahn, aber er kam früh

genug an, um einen Sitzplatz zu finden, der ihm er-
laubte, während des zweiten Rennens schnell zu
231 verschwinden—wenn es notwendig sein sollte.

Das erste Rennen begann. Tobias Puff verlor hundert Mark und gewann dreihundert. Die Zeitung
234 hatte recht. Tobias verschwand und setzte sein
ganzes Geld, mehrere tausend Mark, auf die übrigen
Pferde, die der Zeitung nach gewinnen sollten. Dann
237 lief er zum Telefon und rief in der Stadt den Buchmacher an, den er am besten kannte. „...Was?
Hören Sie nicht recht? Sind Sie taub? Zwanzigtau-
240 send Mark auf jedes der drei Pferde, sage ich. Ja,
zwanzigtausend!...Na, endlich! Auf Wieder-
sehen!" Der Mann mochte große Augen machen
243 und ihn für einen Narren halten, wenn er soviel
Geld auf unbekannte Pferde setzte. Aber das war
ihm gleich. Er wußte jetzt genau, was er tat.

246 Als er zu seinem Sitz zurückkehrte, lief „Blitz"
gerade durchs Ziel. Drei zu eins. Tobias Puff hatte
keine Zweifel mehr. Was jetzt folgte, interessierte
249 ihn wenig. Er wußte im voraus, was kommen mußte.
Aber er blieb bis zum Ende, weil er sein Geld erst
bekommen konnte, wenn das letzte Rennen vorüber
252 war. Indessen beobachtete er mit einem gewissen
Vergnügen den Ärger auf den Gesichtern seiner
Nachbarn, die ein Rennen nach dem anderen ver-
255 loren. Nun, so war das Leben. Nicht jeder konnte
das gleiche Glück haben.

Als das letzte Rennen vorüber war, wußte Tobias
258 Puff, daß er ein reicher Mann war. Er drang durch
die schreienden Menschenmengen, holte am Kassen-

260 der Bahnof, ⁻e
railroad station
265 der Zug, ⁻e   train
im allgemeinen   in general,
as a rule
273 es gelang ihm nicht (gelingen)
he did not succeed
275 das Bild, -er   picture, image
276 erschien (erscheinen)
to appear
284 der Blick, -e   glance, look
286 der Satz, ⁻e   sentence
288 heute nachmittag
this afternoon

schalter sein Geld und fuhr im Taxi zum Bahnhof.
261 Er war außer sich vor Freude. Was er jetzt in seinen
vollen Taschen trug, war nichts, wenn er an die
enormen Summen dachte, die in der Stadt auf ihn
264 warteten.
Im Zug setzte er sich in eine Ecke. Im allgemeinen
liebte er die Gesellschaft von Menschen, aber dies-
267 mal hatte er keine Lust, mit Leuten zu sprechen,
die er nicht kannte; besonders nicht, wenn sein Kopf
so voller Gedanken war.
270 „Wie heiß es ist!" dachte er plötzlich. „Und diese
schreckliche Luft! Kein Wunder, wenn die Leute
alle rauchten." Er versuchte, ein Fenster aufzu-
273 machen, aber es gelang ihm nicht. Er setzte sich
wieder. Ob er wollte oder nicht, seine Gedanken
kehrten zu dem alten Mann zurück, dessen Bild
276 immer wieder vor seinen Augen erschien. Wer war
der Alte? Wie war es möglich, daß er schon gestern
eine Zeitung von heute hatte? Tobias Puff zog die
279 Zeitung aus der Rocktasche. Gut, daß er sie noch
hatte! Er beschloß, später in der Stadt eine Abendzeitung zu kaufen, um zu sehen, ob die beiden Zei-
282 tungen wirklich dieselben waren. Die Sache war
zwar jetzt nicht mehr wichtig, aber ... Plötzlich fiel
sein Blick auf eine Stelle auf der ersten Seite. Sah
285 er recht? War das nicht sein Name? Er las. „Tod im
Zug." Dann starrte er auf den ersten Satz: „Herr
Tobias Puff, Ludwig-Straße 17 (siebzehn), starb
288 plötzlich heute nachmittag im Alter von 59 Jahren,
als er im Zug von den Pferderennen zurückkehrte
..." Tobias konnte nicht weiterlesen. Die Zahlen

291 und Buchstaben schwammen ihm vor den Augen.
Er atmete schwer. Die Zeitung fiel ihm aus den
Händen, sein Gesicht wurde weiß wie Kreide, er ver-
294 suchte zu sprechen, aber sein Mund war trocken, er
konnte nicht schlucken, er brachte kein Wort über
die Lippen. Dann warf er die Arme in die Luft, sein
297 Kopf sank auf die Brust, und er glitt zu Boden.

Seine Nachbarn versuchten, ihm zu helfen. Einer
riß mit Gewalt das Fenster auf, um frische Luft her-
300 einzulassen. Jemand öffnete sein Hemd. Aber es war
zu spät. Tobias Puffs Herz schlug nicht mehr.

Niemand schien die Zeitung zu sehen, die unter
303 dem Sitz lag. Aber ob sie jemand sah oder nicht,
war nicht wichtig. In zwei Stunden konnte jeder
die Abendzeitung von heute in der ganzen Stadt
306 kaufen. Und dann glich diese eine Zeitung jeder
anderen.

# Übungen

*1.*

1. Für wen hielt man Tobias Puff?
2. Warum fand Tobias Puff es nicht schwer, sein tägliches Brot zu verdienen?
3. Was für Leute brauchte Tobias Puff?
4. Warum glich Tobias Puff einem Buchhalter?
5. Wie lange ging es Tobias Puff ganz gut?
6. Wie lange saß er auf Kosten des Staates im Gefängnis?
7. Wie bildete Tobias Puff seinen Geist im Gefängnis?
8. Warum war Tobias Puff selbst im Gefängnis nie ohne Geld?
9. Was konnte man im Gefängnis nicht werden?
10. Was war Tobias Puffs Motto?

*2.*

11. Was war Tobias Puff, als diese Geschichte anfängt?
12. Was meinte Tobias Puff, wenn er von Geld sprach?
13. Wieviel Geld hatte er für sich selbst?
14. Wann ging Tobias Puff nach Hause?
15. Warum schien die Gestalt ein Freund zu sein?
16. Was konnte Tobias Puff von dem alten Mann sehen?
17. Was gab Tobias Puff dem alten Mann?
18. Was wollte der Alte Tobias Puff verkaufen?
19. Warum war es eine ungewöhnliche Zeitung?
20. Warum wagte Tobias Puff nicht zu laufen?

*3.*

21. Wie wußte Tobias Puff, daß das Datum der Zeitung stimmte?
22. Wohin ging Tobias Puff?
23. Wie lange wartete er dort, bevor er die Zeitung öffnete?
24. Warum sollte Tobias Puff keinen Alkohol trinken?
25. Was sollte er statt Alkohol trinken?
26. Was tat Tobias Puff, als der Kellner kam?
27. Welche Rennen zählten wirklich?
28. Wie konnte er noch größere Summen setzen, wenn er wollte?

29. Wovon (of what) träumte Tobias Puff?
30. Welche Worte wiederholte die Stimme immer wieder?

**4.**

31. Wie fühlte sich Tobias Puff am Morgen?
32. Wohin schrieb Tobias Puff die Telefonnummern?
33. Was für einen Platz fand Tobias Puff?
34. Was tat Tobias Puff nach dem ersten Rennen?
35. Was mochte der Buchmacher in der Stadt machen, und warum?
36. Warum interessierten Tobias Puff die anderen Rennen nicht?
37. Was beobachtete er während der anderen Rennen?
38. Was wußte Tobias Puff nach dem letzten Rennen?
39. Warum hatte er keine Lust, mit den anderen Leuten im Zug zu sprechen?
40. Wie versuchten seine Nachbarn, ihm zu helfen?

## II. WORTBILDUNG

**A.** A few more new and easy words.

| | |
|---|---|
| der Athlet, -en, -en | der Apparat, -e |
| die Leichtathletik | der Likör, -e |
|    track and field |    liqueur, cordial |
| das Ballett, -s | der Horizont -e |
| die Ballade, -n | die Tulpe, -n  tulip |
| der Ballast | der Hering, -e |
| das Dilemma, -s | der Konsonant, -en, -en |
| das Drama, die Dramen | der Diphthong, -e |
| das Lineal, -e  ruler | der Vokal, -e |
| das Horoskop, -e | die Präposition, -en |
| das Teleskop, -e | das Dokument, -e |
| das Periskop, -e | das Monument, -e |
| das Stethoskop, -e | das Testament, -e |

**B.** Assembled below are German words from Stories 3 to 6 that have English cognate counterparts. As in Section B of the *Übungen* to Story 2, the words illustrate consonantal correspondences. Pair each word with its English mate.

1. *t* corresonds to *d*

| | |
|---|---|
| halten | das Brot |
| der Bart | die Seite |
| tief | selten |
| rot | tanzen |
| die Schulter | die Not |
| hart | die Karte |
| das Tor | weit |
| breit | taub |

2. *d* corresponds to *th*

| | |
|---|---|
| der Herd | der Durst |
| das Ding | der Bruder |
| die Feder | dick |
| der dritte | die Kleider |

3. *s, ss, ß* correspond to *t*

| | |
|---|---|
| aus | heiß |
| der Schweiß | von außen |

4. *z, tz* correspond to *t*

| | |
|---|---|
| der Zoll | der Sitz |
| setzen | schwitzen |
| sitzen | die Zehe |

5. *b* corresponds to *v*

| | |
|---|---|
| das Silber | das Grab |
| sieben | lebendig |
| die Salbe | lieben |

6. *ch* corresponds to *gh*

| | |
|---|---|
| brachte | das Recht |
| dachte | |

7. *ch* corresponds to *k*

| | |
|---|---|
| kochen | aufwachen |
| der Kuchen | brechen |

8. *f, ff, pf* correspond to *p(p)*

| | |
|---|---|
| tief | die Pfanne |
| scharf | der Karpfen |
| der Haufen | hüpfen |
| der Pfennig | |

9. *g* corresponds to *y*

gelb                    gestern

10. *schl* corresponds to *sl*, *schw* corresponds to *sw*

schlau                  schwitzen
der Schwindler          schwimmen
der Schweiß

11. *sch* corresponds to *sh*

sich schämen            scharf
das Fleisch             die Schulter

C. The cognate relationship is more difficult to recognize in the following words, which have all appeared in our stories so far. The English cognates are given in parentheses next to the modern meanings of the German words.

| | |
|---|---|
| bitten | to ask, beg (to bid) |
| die Eltern | parents (elders) |
| das Gesicht | face (sight) |
| heben | to lift, raise (to heave) |
| der Knecht | farmhand (knight) |
| kurz | short, brief (curt[ly]) |
| der Mut | courage (mood) |
| riechen | to smell (reek) |
| schlagen | to beat, strike (to slay) |
| schmerzen | to hurt, pain (to smart) |
| schmutzig | dirty (smutty) |
| schwarz | black (swarthy) |
| sterben | to die (to starve) |
| streichen | to spread (to strike) |
| treten | to step (to tread) |
| zählen | to count (to tell; cf. bank teller) |
| das Zeichen | sign, signal (token) |
| die Zeitung | newspaper (tiding[s]) |

D. We have had noun + noun and adjective + noun compounds. Likewise, verb stems can be linked with nouns. You have encountered most of the component parts of the following compounds.

| | | |
|---|---|---|
| der Kochtopf | der Sitzplatz | das Wohnzimmer |
| das Rennpferd | die Bratkartoffeln | das Badezimmer |
| der Parkplatz | die Bratpfanne | das Schlafzimmer |

das Brennholz    der Eßtisch     das Studierzimmer
das Trinkwasser   der Schreibtisch   das Lesezimmer

**E.** The following verb + noun compounds are more difficult. Cover the right-hand column, which contains the "solutions," jot down what you think the English equivalents are, and check your findings later against the last column.

| | |
|---|---|
| 1. der Brennpunkt (brennen: to burn<br>   der Punkt, -e: point, period) | focus |
| 2. die Drucksache (drucken: to print<br>   die Sache, -n: thing, matter) | printed matter |
| 3. der Eilbrief (eilen: to hurry, hasten<br>   der Brief, -e: letter) | special delivery<br>letter |
| 4. das Fegefeuer (fegen: to sweep, clean<br>   das Feuer, -: fire) | purgatory |
| 5. der Hörsaal (hören: to hear   der Saal,<br>   die Säle: large hall) | auditorium,<br>lecture hall |
| 6. der Kaugummi (kauen: to chew   der<br>   Gummi, -s: rubber, gum, eraser) | chewing gum |
| 7. die Klagemauer (klagen: to lament,<br>   complain   die Mauer, -n: wall) | Wailing Wall |
| 8. die Pflegemutter (pflegen: to take care<br>   of, nurse   die Mutter, ⁻) | foster mother |
| 9. die Putzfrau (putzen: to clean<br>   die Frau, -en) | charwoman,<br>cleaning lady |
| 10. der Radiergummi (radieren: to erase<br>   der Gummi, -s) | eraser |
| 11. die Redefreiheit (reden: to talk   die<br>   Freiheit: liberty, freedom) | freedom of<br>speech |
| 12. das Sägemehl (sägen: to saw   das<br>   Mehl, -e: flour, meal) | sawdust |
| 13. das Schlachthaus (schlachten:<br>   to slaughter   das Haus, ⁻er) | slaughterhouse |
| 14. die Turnhalle (turnen: to do gymnastics<br>   die Halle, -n: hall) | gym |
| 15. das Wartezimmer (warten: to wait<br>   das Zimmer, -) | waiting room |

## III. SYNTAKTISCHE ÜBUNGEN

1. Tobias Puff, den man kaum einen Mann von Charakter nennen konnte, hielten die meisten Menschen, solange sie ihn nicht besser kannten, wegen seiner einfachen, aber guten Kleidung und seiner angenehmen Manieren für einen kleinen Geschäftsmann.

2. In Wirklichkeit war er aber, wie wir nun alle wissen, kein Buchhalter, sondern ein Buchmacher, der, um sein tägliches Brot ohne große Mühe verdienen zu können, Geschäfte machen mußte, die etwas dunkler Art waren.

3. Wenn er das tat, dann geschah es von Zeit zu Zeit, daß die Polizei und die Richter, denen solche Geschäfte nicht gefielen, ihn auf ein paar Monate oder manchmal sogar Jahre ins Gefängnis schickten, wo er dann die Außenwelt von innen studieren durfte.

4. Sollte er vielleicht um die lange Zeit trauern, während deren er, der jetzt kein freier Mann mehr war, im Gefängnis saß, ohne wie früher seine kleinen Geschäfte machen zu können?

5. Nein, denn Zeit war Geld (wie man in Amerika und heute auch schon fast in der ganzen Welt sagt), ob man im Gefängnis war oder als freier Mensch in der Außenwelt lebte, und deshalb hatte er schon seit langer Zeit beschlossen,* sogar hinter den Mauern des Stadtgefängnisses keine Minute vorbeigehen zu lassen, ohne etwas zu tun, was es ihm möglich machte, ein paar Pfennige zu verdienen.

6. Es gelang ihm, dies zu tun, indem er, der die Namen aller Pferde auswendig kannte, mit besonderem Eifer d i e Seiten jeder Tageszeitung studierte, auf denen die kommenden Pferderennen und die Tage standen, an denen sie stattfinden sollten.

7. Um während der nächsten paar Monate ohne Geldsorgen leben zu können, nachdem man ihm erlaubt hatte,* das Gefängnis zu verlassen, brauchte er genug Kapital, mit dem er seine dunklen Geschäfte wieder anfangen konnte.

---

* In sentences 5, 7, and 8 three instances of compound tense constructions have not yet been dealt with in the Notes (hatte . . . beschlossen; man hatte ihm erlaubt; war . . . gefallen und . . . gerollt had fallen and rolled). These constructions as well as the present perfect and the past perfect, or pluperfect, will be introduced in Story 7.

8. Kaum war* das Geldstück, das Tobias Puff dem Alten vor ein paar Minuten hatte geben wollen und das er nun immer noch in der Hand hielt, zur Erde gefallen* und auf die Strasse gerollt,* als Tobias Puff jemand leise lachen hörte, den er nicht sehen konnte, weil die Straße entweder zu dunkel oder einfach niemand da war.

## IV. Alphabetical list of strong and irregular verbs from Stories 5 and 6

To avoid later duplication, the fourth column—the past participle—has been added here for the sake of completeness. Past participles and their auxiliary verbs haben or sein will be used beginning with Story 7. The list represents the bulk of the most commonly used strong and irregular verbs.

| | | | | |
|---|---|---|---|---|
| backen | bäckt | backte or buk | gebacken | to bake |
| befehlen | befiehlt | befahl | befohlen | to order, command |
| (sich) befinden | | befand | befunden | to be, find oneself |
| beginnen | | begann | begonnen | to begin |
| bekommen | | bekam | bekommen | to get, receive |
| beschließen | | beschloß | beschlossen | to decide |
| besitzen | | besaß | besessen | to own, possess |
| biegen* | | bog | ist gebogen* | to turn; bend |
| bitten | | bat | gebeten | to ask, beg |
| blasen | bläst | blies | geblasen | to blow |
| bleiben | | blieb | ist geblieben | to stay, remain |
| stehen-bleiben | | blieb stehen | ist stehen geblieben | to stop |
| braten | brät | briet | gebraten | to roast, fry, broil |
| brennen | | brannte | gebrannt | to burn |
| bringen | | brachte | gebracht | to bring |
| denken | | dachte | gedacht | to think |
| dringen | | drang | ist gedrungen | to press, push |
| dürfen | darf | durfte | (gedurft) | to be allowed |
| essen | ißt | aß | gegessen | to eat |
| fahren* | fährt | fuhr | ist gefahren* | to go, drive, ride |
| fallen | fällt | fiel | ist gefallen | to fall |
| (fangen | fängt | fing | gefangen | to catch |
| an-fangen | fängt an | fing an | angefangen | to begin, start |
| finden | | fand | gefunden | to find |
| statt-finden | | fand statt | stattgefunden | to take place |
| geben | gibt | gab | gegeben | to give |
| gehen | | ging | ist gegangen | to go |
| gelingen | | gelang | ist gelungen | to succeed |
| geschehen | geschieht | geschah | ist geschehen | to happen |
| gewinnen | | gewann | gewonnen | to win |
| gleichen | | glich | geglichen | to be like, look like |

| | | | | |
|---|---|---|---|---|
| gleiten | | glitt | ist geglitten | to glide, slide |
| haben | hat | hatte | gehabt | to have |
| halten | hält | hielt | gehalten | to hold; stop |
| hängen | | hing | gehangen | to hang |
| heben | | hob | gehoben | to lift, raise |
| kennen | | kannte | gekannt | to know |
| klingen | | klang | geklungen | to sound |
| kommen | | kam | ist gekommen | to come |
| an-kommen | | kam an | ist angekommen | to arrive |
| können | kann | konnte | (gekonnt) | can, to be able |
| lassen | läßt | ließ | gelassen | to let, leave |
| laufen | läuft | lief | ist gelaufen | to run |
| lesen | liest | las | gelesen | to read |
| liegen | | lag | gelegen | to lie (lay, lain) |
| mögen | mag | mochte | (gemocht) | to like |
| müssen | muß | mußte | (gemußt) | must, to have to |
| nehmen | nimmt | nahm | genommen | to take |
| nennen | | nannte | genannt | to name |
| pfeifen | | pfiff | gepfiffen | to whistle |
| reiben | | rieb | gerieben | to rub |
| reißen | | riß | gerissen | to tear |
| riechen | | roch | gerochen | to smell |
| rufen | | rief | gerufen | to call |
| scheinen | | schien | geschienen | to seem; shine |
| schlafen | schläft | schlief | geschlafen | to sleep |
| schlagen | schlägt | schlug | geschlagen | to beat, strike |
| schreiben | | schrieb | geschrieben | to write |
| schreien | | schrie | geschrien | to shout, scream |
| schweigen | | schwieg | geschwiegen | to be silent |
| schwimmen* | | schwamm | ist ge- schwommen* | to swim |
| sehen | sieht | sah | gesehen | to see |
| sein | ist | war | ist gewesen | to be |
| senden | | sandte | gesandt | to send |
| singen | | sang | gesungen | to sing |
| sitzen | | saß | gesessen | to sit |
| sollen | soll | sollte | (gesollt) | shall, should, ought to |
| sprechen | spricht | sprach | gesprochen | to speak |
| springen | | sprang | ist gesprungen | to spring, jump |
| stehen | | stand | gestanden | to stand |
| sterben | stirbt | starb | ist gestorben | to die |
| streichen | | strich | gestrichen | to stroke; spread |
| tragen | trägt | trug | getragen | to carry, bear; wear |
| treiben | | trieb | getrieben | to drive |
| treten* | tritt | trat | ist getreten* | to step, go, walk; kick |
| tun | | tat | getan | to do |
| vergessen | vergißt | vergaß | vergessen | to forget |
| verlassen | verläßt | verließ | verlassen | to leave |
| verlieren | | verlor | verloren | to lose |

| | | | | |
|---|---|---|---|---|
| verschwinden | | verschwand | ist verschwunden | to disappear, vanish |
| verstehen | | verstand | verstanden | to understand |
| wachsen | wächst | wuchs | ist gewachsen | to grow |
| wenden | | wandte (*or* wendete) | gewandt (*or* gewendet) | to turn |
| werden | wird | wurde | ist geworden | to become |
| werfen | wirft | warf | geworfen | to throw |
| wissen | weiß | wußte | gewußt | to know |
| wollen | will | wollte | (gewollt) | to want |
| ziehen* | | zog | gezogen* | to pull, draw; move |
| an-ziehen | | zog an | angezogen | to put on (clothes); attract |

*Note:* The verbs with asterisk may be used transitively or intransitively. If used transitively, that is, if they require a direct object to complement their meaning, their auxiliary verb in the present and past perfect tense is haben; otherwise it is sein. Examples:

Er hat den Stock gebogen.  He bent the stick.

Er ist um die Ecke gebogen.  He turned around the corner.

Wann hat er das Auto in die Garage gefahren?

Wann ist er weggefahren?

Wir haben den ganzen Tag geschwommen.

Wo seid ihr gestern geschwommen?

Er hat mich getreten.  He kicked me.

Er ist ins Zimmer getreten.  He entered the room.

Die Pferde haben den Wagen gezogen.  . . . pulled . . .

Er ist nach Berlin gezogen.  . . . moved . . .

# 7. Jans und Jens

# Notes

*Present and past perfect tenses,
formation and usage   Past infinitives*

## I. PRESENT AND PAST PERFECT TENSES, FORMATION

**A.** As in English, the German present perfect and the past perfect (or pluperfect) are formed by combining the past participle with an auxiliary verb. The important difference is that German uses both **haben** and **sein** as auxiliaries.

**B.** The auxiliary **sein** must be used with verbs that do not have a direct object *and* denote a change of condition or place (motion toward or from an object or place), for example, **sterben, wachsen, werden,** or **fallen, gehen, kommen, laufen, springen.** The verbs are limited in number, but—as can be seen readily—very common.

**C.** With a few exceptions, all other verbs use the auxiliary **haben.** The most important exceptions are:

sein:      Wo *bist* du gewesen?  Where have you been?

begegnen: Ich *bin* ihm auf der Straße begegnet.
           I met him in the street.

bleiben:   Er *war* zu Hause geblieben.
           He had stayed at home.

folgen:    *Ist* sie Ihnen gefolgt?  Did she follow you?

gelingen:  Es *war* mir nicht gelungen, ihn zu finden.
           I had not succeeded in finding him.

geschehen: Was *ist* geschehen?  What happened?

passieren: Ihm *war* nichts passiert.
           Nothing had happened to him.

*Note:* People in southern Germany, Austria, and Switzerland use **sein** instead of **haben** with **sitzen, stehen, liegen.**

**Er ist auf dem Stuhl gesessen.**
**Sie war auf der Straße gestanden.**
**Der König war im Bett gelegen.**

**D.** Verbs with separable prefixes insert the **ge-** of the past participle between the prefix and the remainder of the participle. The entire combination is written as one word.

voraus-gehen: Jans, der im Dunkeln voraus*ge*gangen war, fiel in das Loch. Jans, who had gone ahead in the dark, fell into the hole.

**E.** Verbs with inseparable prefixes (**be-, emp-, ent-, er-, ge-, ver-, zer-**) omit the **ge-** in the past participle. So do all verbs ending in **-ieren.**

verschwinden: Der Mond war hinter den Wolken verschwunden.
The moon had disappeared behind the clouds.

geschehen: Er wollte wissen, was geschehen war.
He wanted to know what had happened.

studieren: Er hat deutsche Literatur studiert.
He has studied German literature.

There are other, less common inseparable prefixes: **hinter, miß, voll,** and **wider** (against). **Voll,** however, is separable when the verb means "to make full, to fill up." Examples:

hinterlassen to leave (behind):
Er hinterließ mir sein Haus.
He left (bequeathed) me his house.

mißfallen to displease:
Das mißfällt mir sehr.
I dislike that very much.

vollenden to complete, finish:
Er vollendete die Oper im Jahre 1851.
He completed the opera in 1851.

but: voll-machen to fill:
Der Tod machte die Flasche jeden Tag voll.
Death filled the bottle every day.

widerstehen to resist:
Er widerstand der Versuchung.
He resisted the temptation.

Note that **wieder** (again) is inseparable only in the verb **wiederholen** (to repeat):

Sie wiederholte den ganzen Satz.
She repeated the whole sentence.
but: Er sah sie nie wieder. He never saw her again.

It is appropriate to add here that some prefixes, **durch, über, um,** and **unter,** are variable—that is, they are sometimes separable, sometimes inseparable, with the resulting verbs having *different meanings.* In general it can be said that if the prefix keeps its *literal, concrete* meaning, it is *separable* and is *stressed.* It is *not stressed* and is *inseparable* when it assumes a *figurative, abstract* meaning. Examples:

| Separable | Inseparable |
|---|---|
| durch- | durch |
| Wir reisen nur durch. We are just traveling through (without stopping, without intending to stay). | Wir durchreisten ganz Afrika. We traveled all over Africa. |
| über- | über |
| Ein Boot setzte uns über. A boat ferried us across. | Sie übersetzte den Text. She translated the text. |
| um- | um |
| In diesem Haus geht ein Geist um. This house is haunted by a ghost. | Sie umgeht oft das Gesetz. She often evades the law. |
| unter- | unter |
| Er brachte uns in einem Hotel unter. He put us up in a hotel. | Wer unterrichtet die Klasse heute? Who is teaching the class today? |

**F.** The past participle stands at the end of its clause. It stands at the *very* end in main clauses, and *just before the auxiliary* in dependent clauses because the *finite* verb there must be *last.*

Mein Nachbar hat mir meine Uhr *gestohlen.* My neighbor has stolen my watch.

Wenn er ihn *gefunden* hatte, konnten sie Partner werden. When he had found him, they could become partners.

## II. PRESENT AND PAST PERFECT TENSES, USAGE

**A.** The present perfect is used

1. where English uses it.

   **Haben Sie sie gesehen?** Have you seen her?

2. where a single event in the past is reported as a fact or happening isolated from what preceded or followed it.

   **Habe ich dir gestern nicht gesagt, wie du den Dieb fangen kannst?** Didn't I tell you yesterday how you can catch the thief?

3. The present perfect is *the* past tense ordinarily used in everyday conversational language. This is why it is sometimes called the *conversational past* in contrast to the simple past, which is often referred to as the *narrative past*.

*Note:* If you are called upon to translate a simple past or a present perfect into idiomatic English, almost without fail you will come up with the correct translation if you use the English tense that comes *naturally within the given context.*

**B.** The past perfect is used where English uses it. To translate it correctly should therefore never be a problem.

**Keiner konnte ihm sagen, wie es geschehen *war*.**
. . . how it *had* happened.

**Jens *hatte* einen Mann aus Stroh gemacht.**
Jens *had* made a man out of straw.

## III. PAST INFINITIVES

As in English, a past infinitive is formed by combining the past participle with the infinitive of an auxiliary verb (*She must* have done *it*). Unlike English, however, German places the infinitive of the auxiliary verb, **haben** or **sein,** *after* the past participle. Be careful to use **haben** or **sein** in accordance with the rule stated in IB and IC.

**Jeder behauptete, niemanden *gesehen zu haben.***
Everybody maintained that he had not seen anyone.

**Keiner konnte ihm sagen, wer es *getan hagen* mochte.**
No one could tell him who might have done it.

Nur Jans oder Jens können es *getan haben*.
Only Jans or Jens can have done it.

Wenn morgen jemand Fleisch kauft, wirst du deinen Dieb
*gefangen haben*. When someone buys meat tomorrow, you will
have caught your thief.

Sie verließen das Haus, ohne den Dieb *gefunden zu haben*.
They left the house without having found the thief.


## Summary of idioms in Story 7 (for later review)

| | | |
|---|---|---|
| 2 | vor etwa 200 Jahren | about 200 years ago |
| 15 | durch Zufall | by chance |
| 29 | ihm gegenüber | opposite him |
| 56 | vor allem | above all |
| 61 | es gelang ihnen | they succeeded |
| 66 | rot vor Zorn | red with anger, rage, wrath |
| 69 | es hilft nichts | it's no use |
| 89 | zu einem so hohen Preis | at such a high price |
| 97 | Schlange stehen | to stand in line |
| 111 | heute abend | tonight |
| 114 | zum Abendessen | for supper, dinner |
| 120 | zu Abend essen | to have, eat supper |
| 136 | sie waren mit ihrem Geld zu Ende | they had spent their money |
| 158 | klagen um + acc. | to lament, bewail, mourn for |
| 181 | um Entschuldigung bitten | to ask one's pardon |
| 193 | zur Frau geben | to give as a wife |
| 196 | am Abend | in the evening |
| 200 | stolz auf + acc. | proud of |
| 218 | mitten durch... | right through... |
| 220 | nicht einmal | not even |
| 235 | sein Bettuch fehlte | his bed sheet was missing, wasn't there |
| 247 | noch einmal | once more |

# Prereading vocabulary

**A.** A few easy words with which you should become familiar before reading the story.

der Bürger, - citizen, burgher
die Butter
das Dutzend, -e dozen
füllen to fill
heißen to be called
  ich heiße my name is
der Kollege, -n, -n colleague
der Körper, - body
der Meister, - master

der Minister, -
  (governmental) minister
die Minute, -n
der Mond, -e moon
der Norden north
der Partner, -
das Pfund, -e pound
die Tasse, -n cup
der Zucker sugar

**B.** Here is an alphabetical listing of strong verbs of which either the simple past or the past perfect form appears for the first time in Story 7. The forms that actually occur in the text are given in italics; the numbers in the left margin refer to corresponding lines in the text. Although the various forms are also keyed with the story, the list below, beyond giving you advance information now, will provide a convenient and compact summary for later review.

| | | | | | |
|---|---|---|---|---|---|
| 175 | brechen | bricht | *brach* | gebrochen | to break |
| 65 | erfahren | erfährt | *erfuhr* | erfahren | to learn, find out |
| 217 | erschrecken | *erschrickt* | erschrak | ist erschrocken | to (get) frightened |
| 5 | fangen | fängt | fing | *gefangen* | to catch |
| 59 | graben | gräbt | *grub* | gegraben | to dig |
| 19 | greifen | | *griff* | gegriffen | to grasp, seize, reach |
| 8 | heißen | | *hieß* | geheißen | to be called |
| 69 | helfen | hilft | *half* | geholfen | to help |
| 61 | kriechen | | *kroch* | ist gekrochen | to crawl |
| 202 | laden | lädt | lud | *geladen* | to load |
| 93 | raten | rät | riet | *geraten* | to advise, counsel; guess |
| 218 | schießen | | *schoß* | *geschossen* | to shoot |
| 208 | schleichen | | *schlich* | ist geschlichen | to sneak, creep |
| 145 | schneiden | | *schnitt* | geschnitten | to cut |
| 17 | stehlen | stiehlt | *stahl* | *gestohlen* | to steal |
| 208 | steigen | | *stieg* | ist gestiegen | to climb |
| 183 | streiten | | *stritt* | gestritten | to fight, quarrel |
| 14 | treffen | trifft | *traf* | getroffen | to meet, encounter |

| 17 | trinken | | *trank* | getrunken | to drink |
| 57 | umgeben | | umgab | *umgeben* | to surround |
| 241 | versprechen | verspricht | versprach | *versprochen* | to promise |
| 240 | verzeihen | | *verzieh* | verziehen | to pardon, forgive |

1     das Meer, -e   sea, ocean

2     einst   once, once upon a time

3     berühmt   famous

5     gefangen (fangen)   caught

7     ..., der Jens hieß   whose
        name was Jens
        heißen, hieß, geheißen
        to be called

10    beruflich   professional(ly)

12    vor ihnen sicher   safe from
        them

14    sich trafen (treffen)   met

15    durch Zufall   by chance,
        by coincidence

17    tranken (trinken)   drank
        stahl (stehlen)   stole

18    die Taschenuhr, -en   pocket
        watch

19    griff (greifen)   reached

20    entdecken   to discover
        fehlen   to be missing, absent,
        lacking

# 7. Jans und Jens

*1.*

In einem fernen Land weit überm Meer im Norden
Europas gab es einst vor etwa zweihundert Jahren
einen berühmten Dieb, den man Jans nannte. Er
war ein solcher Meister in seiner Kunst, daß niemand ihn bisher gefangen und ins Gefängnis ge-
steckt hatte. Jans hatte gehört, daß irgendwo in
Deutschland ein anderer berühmter Dieb lebte, der
Jens hieß. Er beschloß, nach Deutschland zu reisen,
um ihn kennenzulernen. Wenn er ihn gefunden
hatte, dachte er, konnten sie vielleicht beruflich zusammen arbeiten und Partner werden, und dann
war kein Schatz der Welt vor ihnen sicher.

Nun geschah es eines Tages, daß Jans und Jens
sich in derselben Wirtschaft trafen, ohne es zu wissen, und daß beide durch Zufall auch an demselben
Tisch saßen. Während sie zusammen aßen und
tranken und über dies und das sprachen, stahl Jens
dem Jans seine Taschenuhr. Als dieser nach einer
Weile in die Westentasche griff, um zu sehen, wie
spät es war, entdeckte er, daß seine Uhr fehlte. Da
sagte er sich: „Aha! Mein Nachbar hat mir meine

28  **fest-stellen**  to find (out)
29  **ihm gegenüber**  opposite him
    **der Lehrling, -e**  apprentice
32  **niemand anders als**  no one
      else but
34  **nicken**  to nod
37  **nachdem** (*conj.*)  after
43  **hast du Lust?**  would you
      like to?
48  **drüben**  over there
51  **das Salzfaß, die Salzfässer**
      salt cellar, salt shaker
52  **die Gabel, -n**  fork

Uhr gestohlen, ohne daß ich etwas gemerkt habe. Es sollte mich nicht überraschen, wenn das der berühmte Jens ist. Nun, ich werde ihm zeigen, wer neben ihm sitzt!" Und damit stahl er ihm die Brieftasche. Wie der andere sie etwas später aus der Tasche ziehen wollte, um seine Rechnung zu bezahlen, stellte er fest, daß sie fort war. Da wußte er, daß der Dieb, der ihm gegenüber saß, kein Lehrling, sondern der Meister aller Meister war (außer ihm selbst natürlich). Er wandte sich zu seinem Nachbarn und sagte: „Niemand anders als Jans kann mir meine Brieftasche gestohlen haben. Du mußt Jans sein, nein?" Jans nickte und erwiderte lächelnd: „Ja, und du bist Jens!" Jeder hatte gesehen, daß er einen wirklichen Meister vor sich hatte.

Nachdem beide sich die Hände geschüttelt hatten, sagte Jans: „Ich glaube, daß ein glücklicher Zufall uns zusammengebracht hat. Ich habe schon so oft von dir und deiner Kunst gehört, daß ich mehr als einmal gewünscht habe, dich kennenzulernen und eines Tages vielleicht mit dir zusammen zu arbeiten. Was meinst du? Hast du Lust?"—„Das ist gar keine schlechte Idee", antwortete Jens. „Ja, warum versuchen wir es nicht? Ja, laß uns Partner werden und von jetzt an zusammen stehlen!"— „Fein!" rief Jans; „dann komm mit mir übers Meer in mein Land! Drüben wartet mehr Arbeit auf uns, als einer allein tun kann." Da beide gewohnt waren, nie ein Haus zu verlassen, ohne irgend etwas darin mitzunehmen, steckte Jans noch schnell ein Salzfaß in die Tasche und Jens eine silberne Gabel.

| 53 | die Hauptstadt, ⁼e | capital |
|----|-------------------|---------|
| 54 | entwickeln | to develop |
| 57 | umgeben | to surround |
| 58 | schwierig | difficult |
| 59 | gruben (graben) | dug |
| 60 | hindurchkrochen (kriechen) crawled through | |
| 63 | das Gebäude, - | building |
| 65 | erfuhr (erfahren) | learned, found out |
| 67 | sich vorstellen | to imagine |
| 69 | half (helfen) | helped |
| | es half nichts | it was of no avail, it was no use |
| 70 | behaupten | to assert, maintain |
| 72 | mochte | might |
| 74 | früher | former |
| | die Regierung, -en | government |
| 77 | verzeihen | to forgive, pardon |

Als sie in die Hauptstadt kamen, wo Jans mit
54 seiner Frau wohnte, entwickelten sie einen Plan,
den Schatz des Königs zu stehlen. Der König hatte
zwar sein Schloß und vor allem das Schatzhaus mit
57 Soldaten umgeben, aber für Jans und Jens war keine
Aufgabe zu schwierig. Am Fuß der Mauer, die das
Schloß umgab, gruben sie ein Loch, durch das sie
60 unter der Mauer auf die andere Seite hindurch-
krochen, und auf diese Weise gelang es ihnen, während der Nacht, als alle schliefen, in das Schloß und
63 das Gebäude zu dringen, wo der Schatz lag, und ihn
zu stehlen, ohne daß jemand es merkte.


2.

Als der König erfuhr, daß er seinen ganzen Schatz
66 verloren hatte, wurde er rot vor Zorn und Ärger,
weil er sich nicht vorstellen konnte, wie der Dieb
oder die Diebe in das Schloß gedrungen waren. Er
69 ließ die Soldaten vor sich kommen, aber es half
nichts. Jeder behauptete, niemanden gesehen zu
haben, und keiner konnte ihm erklären, wie es ge-
72 schehen war oder wer es getan haben mochte. Da
ließ der König einen alten, weisen Dieb kommen,
einen früheren hohen Regierungsbeamten, der
75 schon seit Jahren im Gefängnis saß, und sprach zu
ihm: „Wenn du entdecken kannst, wer meinen
Schatz genommen hat, werde ich dir verzeihen, was
78 du getan hast, und lasse dich frei."—„Es ist eine
solche Qualitätsarbeit", antwortete der frühere
Minister nach einer kurzen Pause, „daß nur Jans

83 bestimmen to order, command

84 der Metzger, - butcher

85 die Geldstrafe, -n fine

87 gewöhnlich ordinary

93 geraten (raten) advised

95 das Ei, -er egg
das Mehl flour, meal
das Obst fruit

96 die Lebensmittel (*pl.*) food, provisions

97 das Fleischergeschäft, -e butcher shop
der Fleischer, - butcher
Schlange stehen to stand in line
die Schlange, -n snake

102 jedoch however

106 die Nachricht, -en news

81 oder Jens oder beide zusammen es getan haben können. Ich werde dir sagen, wie du sie fangen kannst.
Bestimme, daß von nun an ein Pfund Fleisch hun-
84 dert Mark kostet! Und befiehl auch, daß jeder Metzger der Stadt eine hohe Geldstrafe zahlen muß,
wenn er uns nicht sofort wissen läßt, daß ein Kunde
87 morgen bei ihm Fleisch kauft. Kein gewöhnlicher
Bürger der Stadt ist so reich, daß er sich Fleisch zu
einem so hohen Preis leisten kann—außer Jans und
90 Jens natürlich, die deinen Schatz haben. Wenn morgen jemand irgendwo Fleisch kauft, wirst du deinen
Dieb gefangen haben."
93 Der König tat, was der weise Dieb ihm geraten
hatte. Am nächsten Tag kauften die Bürger Brot,
Butter, Eier, Fisch, Kartoffeln, Mehl, Zucker, Obst,
96 d. h. die gewöhnlichen Lebensmittel, aber keiner
stand vor den Fleischergeschäften Schlange, um
Fleisch zu kaufen, das sich jetzt niemand mehr
99 leisten konnte. Die Marktpolizei, die überall auf-
paßte, hatte nur e i n e n Mann beobachtet, der
mehrere Pfund Fleisch kaufte. Man hatte versucht,
102 ihm zu folgen; als der Mann jedoch merkte, daß man
ihn gesehen hatte, hatte er begonnen zu laufen und
war bald in der Menschenmenge verschwunden, die
105 den Marktplatz füllte.
„Nun", sagte der alte Dieb, als er die Nachricht
hörte, daß man den Mann zwar gesehen, aber nicht
108 gefangen hatte, „wenn er so schlau war, daß er sich
nicht fangen ließ, dann war es ohne Zweifel entweder Jans oder Jens. Ich werde jetzt selbst an die
111 Arbeit gehen müssen. Heute abend, wenn die Leute

| 116 | zeichnen | to draw, mark |
| 120 | dessen | his (the latter's) |
| 123 | ähnlich | similar |
| | das Dutzend, -e | dozen |
| 129 | dennoch | nevertheless |
| | laß ... graben | have ... dug |
| 130 | die Treppe, -n | stairs, steps, staircase |

ihr Abendbrot essen, werde ich von Haus zu Haus gehen und an jede Tür klopfen. Wo ich rieche oder sehe, daß man zum Abendessen Fleisch brät oder ißt, werde ich außen mit gelber Kreide ein geheimes Zeichen, einen kleinen Kreis, an die Tür zeichnen, so daß die Soldaten das Haus ohne Mühe finden können."

Als Jens später am Abend das Haus verließ, wo er mit Jans und dessen Frau zu Abend gegessen hatte, sah er das Zeichen an der Haustür und wußte sogleich, was es bedeutete. Er nahm gelbe Kreide und machte in der Nacht ähnliche Zeichen an Dutzende von Häusern in jeder Straße der Stadt, so daß die Soldaten am Morgen nicht wußten, wo sie zuerst anfangen sollten, die zwei Diebe zu suchen.

„Habe ich dir nicht gesagt, daß Jans und Jens schlaue Füchse sind?" sprach der alte Dieb zum König. „Aber wir werden sie dennoch fangen. Laß am Fuß der Treppe, die ins Schatzhaus führt, ein tiefes Loch graben und es mit Wasser füllen. Wenn Jans und Jens kein Geld mehr haben und ins Schloß zurückkommen, werden sie in das Loch fallen—und dann haben wir sie!"

*3.*

Als Jans und Jens nach einigen Monaten mit ihrem Geld zu Ende waren, gingen sie, neues zu stehlen. Jans, der im Dunkeln vorausgegangen war und das Loch nicht gesehen hatte, fiel hinein, schluckte zuviel Wasser und starb. Jens wartete und wartete

141    die Wolke, -n   cloud

145    sowieso   anyhow, anyway

schnitt ab (schneiden)
     cut off

155    das Mittel, -   means

162    die Volksmenge, -n   crowd
     das Volk, ¨-er   people,
     nation, folk

170    der Schreck(en), -(en)
     fright, horror

und wunderte sich, daß Jans nicht zurückkam. Als nach einer Weile der Mond aus den Wolken trat, folgte er Jans, kam zu dem Loch und sah seine Leiche im Wasser schwimmen. Da es zu weit war, den schweren Körper nach Haus zu tragen und Jans sowieso schon tot war, schnitt er ihm den Kopf ab und nahm ihn mit, damit niemand erkennen konnte, wer in das Loch gefallen war.

Als der König am nächsten Morgen an das Loch trat, um zu sehen, ob während der Nacht etwas geschehen war, erblickte er eine Gestalt, die oben auf dem Wasser schwamm, und schrie: „Ha! Wir haben ihn!" Was man jedoch aus dem Loch zog, war ein Körper ohne Kopf. Da sprach der alte Dieb zum König: „Der schlaue Fuchs! Jetzt bleibt nur noch e i n Mittel, den anderen Dieb zu entdecken. Binde den Körper des Toten an ein Paar Pferde und laß ihn durch alle Straßen der Stadt ziehen. Wo man ein Weib weinen und klagen hören wird, daß sie ihren Mann verloren hat, dort wohnt die Frau des Toten, und wenn wir s i e haben, wird sie uns sagen müssen, wo der andere Dieb ist."

Als die Frau die laute Volksmenge hörte, die der Leiche folgte, trat sie ans Fenster und erkannte an den Kleidern des Toten, daß es ihr Mann war, den die Pferde durch die Straße zogen. „Oh, ich arme Frau!" rief sie und weinte so laut, daß das Volk sie unten auf der Straße hören konnte. Jens, der eben ins Haus gekommen war, um der Frau von dem traurigen Ende seines Kollegen zu berichten und sie zu trösten, hörte mit Schrecken, wie sie so laut um

171  die Haut, ¨e  skin, hide
     retten  to save
173  der Teller, -  plate
     der Schrank, ¨e  closet;
        wardrobe
175  brachen (brechen)  broke
181  streitend  fighting
     das Ehepaar, -e  married
        couple
        die Ehe, -n  marriage,
        married life
     die Entschuldigung, -en
        excuse, pardon
189  nützlich  useful
193  zur Frau geben  to give as a
        wife
195  das Bettuch, ¨er  bed sheet
        das Tuch, ¨er  cloth,
        shawl, scarf

171 ihren Mann klagte. Wenn er seine Haut retten wollte, mußte er sofort etwas tun. Schnell nahm er alle Tassen und Teller, die er im Küchenschrank
174 fand, und warf sie auf den Fußboden, wo sie in tausend Stücke brachen. Dann schlug er die Frau mit einem Stock, bis sie noch lauter schrie als vorher.
177 Als die Diener des Königs, die dem Toten gefolgt waren, die Treppe hinaufeilten, fanden sie nur Stücke von Tassen und Tellern auf dem Fußboden
180 liegen und einen Mann, der seine Frau schlug. „Ein streitendes Ehepaar", dachten sie, baten um Entschuldigung und machten die Tür gleich wieder zu.
183 Ehepaare, die sich stritten, waren nichts Neues. Sie verließen das Haus und kehrten zu dem König zurück, ohne den zweiten Dieb gefunden zu haben.
186 Als der König sah, daß der Dieb schlauer war als er, sein früherer Minister und alle Bürger seines Staates, sagte er sich: „Wie dumm ich bin! Ist es
189 nicht besser, wenn ich diesen Dieb als einen nützlichen Diener des Staates auf meine Seite bringe, als wenn er mein Feind ist und mich zum armen
192 Manne macht?" Er beschloß also, ihm zu verzeihen und ihm sogar seine Tochter zur Frau zu geben, wenn es dem Dieb gelingen sollte, ihm während der
195 Nacht das Bettuch unter dem Leibe wegzustehlen.

4.

Am Abend ging der König zufrieden zu Bett. Was heute nacht geschah, dachte er, mußte das Problem
198 lösen: entweder war der Dieb am Morgen gefangen

200 stolz (auf + *acc.*) proud (of)
201 das Gewehr, -e rifle, gun
202 geladen (laden) loaded
203 die Kerze, -n candle
lang(e) (*adv.*) for a long time,
long
208 schlich (schleichen)
sneaked, crept
stieg (steigen) climbed
das Dach, ⸚er roof
210 die Schnur, ⸚e string
214 der Bauch, ⸚e belly, stomach
217 erschrecken (erschrickt)
to (get) frightened
218 schoß (schießen) shot
mitten durch right through
220 nicht einmal not even
222 an-zünden to light

oder tot, oder der Staat hatte einen Diener gewonnen, auf den man stolz sein konnte.

201 Bevor er sich ins Bett legte, stellte er ein Gewehr neben sich, das er geladen und mitgenommen hatte. Dann blies er die Kerze aus und wartete. Lange

204 blieb alles still.

Jens hatte am Nachmittag einen Mann aus Stroh gemacht. Er wartete, bis es dunkel wurde und der

207 Mond hinter den Wolken verschwunden war. Dann schlich er ins Schloß und stieg auf das Dach, unter dem des Königs Schlafzimmer lag. Um Mitternacht

210 ließ er den Strohmann langsam an einer Schnur die Mauer zum Fenster hinuntergleiten.

„Aha!" dachte der König, als draußen am Fenster

213 die Füße einer dunklen Gestalt erschienen. Jetzt kamen die Beine, der Bauch, die Brust, die Schultern, der Kopf. Das mußte der Dieb sein, der sich

216 vom Dach herunterließ und jetzt ins Zimmer stieg. „Erschrick nicht!" flüsterte der König seiner Frau ins Ohr, nahm das Gewehr und schoß. Bums! Mitten

219 durch den Kopf! Der Mann war ohne Zweifel tot, denn er schrie nicht einmal, sondern fiel sofort in den Garten. „Der steht nicht wieder auf", sagte der

222 König und zündete die Kerze an; „aber ich werde dennoch hinuntergehen, um zu sehen, wie Jans oder Jens aussieht."

225 Dies war der Augenblick, auf den Jens gewartet hatte. Er stieg vom Dach, ging ins dunkle Schlafzimmer und sagte zur Frau des Königs: „Mitten

228 durch den Kopf geschossen, wie ich dachte. Der Mann sieht so schrecklich aus, daß man ihn kaum

erkennen kann. Komm, gib mir mein Bettuch, damit
ich es auf den armen Teufel legen kann!"

Der König hatte im Garten natürlich nur einen
Strohmann gefunden. Als er mit seiner brennenden
Kerze wieder heraufkam und ins Bett steigen wollte,
sah er, daß sein Bettuch fehlte. „Frau, wo ist mein
Bettuch?" Erst als seine Frau ihm sagte, daß er
selbst es vor einigen Minuten verlangt hatte, verstand er, was geschehen war.

Als Jens am nächsten Morgen mit dem Bettuch
erschien, verzieh ihm der König und gab ihm seine
Tochter zur Frau, wie er versprochen hatte.

Am Ende dieser Geschichte mag man nun fragen,
warum der König wollte, daß ein gemeiner Dieb
seine Tochter heiratete. War es nicht genug, wenn
er ihm verzieh und ihn zum Minister machte? Die
einfache Antwort ist natürlich, daß er nicht wissen
konnte, ob Jens seinen Schatz nicht noch einmal
stehlen wollte. Wenn er es aber jetzt tat, dann blieb
das Geld wenigstens in der Familie.

# Übungen

## I. FRAGEN ZUM TEXT

### 1.

1. Wo lebte Jans?
2. Warum wollte Jans Jens kennenlernen?
3. Wo trafen sich Jans und Jens?
4. Wann entdeckte Jans, daß seine Uhr fehlte?
5. Wann entdeckte Jens, daß seine Brieftasche fort war?
6. Was hatte Jans mehr als einmal gewünscht?
7. Warum sollte Jens in das Land fahren, in dem Jans lebte?
8. Was nahmen Jans und Jens mit, bevor sie das Gasthaus verließen?
9. Was taten sie, als sie in die Hauptstadt kamen?
10. Auf welche Weise gelang es ihnen, in das Schatzhaus zu dringen?

### 2.

11. Wann wurde der König rot vor Zorn und Ärger?
12. Was konnten die Soldaten dem König nicht sagen?
13. Was sollte der König bestimmen, um die Diebe zu fangen?
14. Was konnten die Bürger am nächsten Tag kaufen?
15. Warum konnte die Marktpolizei den Mann nicht fangen?
16. Warum machte der alte Dieb ein geheimes Zeichen an die Tür?
17. Was hatte Jens in Jans' Haus getan?
18. Was tat Jens, als er das Zeichen an der Haustür sah?
19. Was wußten die Soldaten am Morgen nicht?

### 3.

20. Was taten Jans und Jens, als sie kein Geld mehr hatten?
21. Was geschah mit Jans?
22. Was sah Jens, als er zu dem Loch kam?
23. Warum schnitt er Jans den Kopf ab?
24. Warum nahm er den Kopf mit?
25. Was erblickte der König, als er an das Loch trat?
26. Wie wird man wissen, wo die Frau des Toten wohnt?

27. Was sah die Frau, als sie ans Fenster trat?
28. Was wußte Jens sofort, als er die Frau laut um ihren Mann klagen hörte?
29. Was machte er mit den Tassen und Tellern?
30. Was beschloß der König zu tun?

**4.**

31. Wie wollte der König das Problem in dieser Nacht lösen?
32. Was tat er, bevor er sich ins Bett legte?
33. Wie lange wartete Jens?
34. Was tat er dann?
35. Was erschien um Mitternacht draußen am Fenster?
36. Wer mußte es sein?
37. Warum mußte der Mann tot sein?
38. Warum wollte der König hinuntergehen?
39. Was hatte er im Garten gefunden?
40. Was sah er, als er wieder heraufkam?
41. Was tat der König, als Jens mit dem Bettuch erschien?
42. Was konnte der König nicht wissen?
43. Was geschah mit dem Geld, wenn Jens es jetzt stehlen sollte?

## II. WORTBILDUNG

**A.** Here is a review list of the compound nouns in Story 7. Do you recognize all of them (and know what they mean)?

| | |
|---|---|
| das Bettuch | die Mitternacht |
| die Hauptstadt | das Fleischergeschäft |
| der Strohmann | die Lebensmittel (*pl.*) |
| die Volksmenge | der Fußboden |
| der Regierungsbeamte | das Ehepaar |
| die Qualitätsarbeit | das Salzfaß |
| die Marktpolizei | (das) Deutschland |
| der Marktplatz | die Brieftasche |
| das Schatzhaus | die Geldstrafe |

**B.** The following are a few new but not very difficult compound nouns. Check your jotted-down guesses against the keyed solutions later.

1. der Schlafsack, ⁻e
2. die Fußnote, -n
3. der Ehebruch, ⁻e
4. das Nachthemd, -en
5. der Schlafanzug, ⁻e
6. der Kronprinz, -en

| 7. der Rollstuhl, ⸚e | 13. die Sonnenuhr, -en |
| 8. der Spazierstock, ⸚e | 14. das Kaiserreich, -e |
| 9. der Mitarbeiter, - | 15. der Zahnarzt, ⸚e |
| 10. der Zeigefinger, - | 16. der Kinderarzt, ⸚e |
| 11. das Fragezeichen, - | 17. der Frauenarzt, ⸚e |
| 12. das Ausrufezeichen, - | 18. der Augenarzt, ⸚e |

C. As in English, two adjectives may be linked together in German. They are written as one word. In this and in the next exercise, cover the English columns, make your best guesses, and check later.

| kurzlebig | short-lived | kaltblütig | coldblooded |
| hellblau | light blue | warmherzig | warmhearted |
| dunkelrot | dark red | heißblütig | hot-blooded |
| naßkalt | damp and cold | taubstumm | deaf-mute |
| dickköpfig | obstinate | langhaarig | long-haired |
| großherzig | magnanimous | kleinstädtisch | provincial |
| lauwarm | lukewarm | grauhaarig | gray-haired |

D. A number of adjectives can be made into nouns by adding the suffix -e to the adjective. The nouns so formed are all abstract die-nouns and have umlaut whenever the stem vowel lends itself to it. Note that most of the corresponding English words have the abstract endings -th, -ness, or -ty.

| lang | die Länge | length |
| schwarz | die Schwärze | blackness |
| rot | die Röte; die Morgenröte | redness; aurora |
| braun | die Bräune | brown skin, tan |
| blau | die Bläue; die Bläue des Himmels | blue; blueness of the sky |
| nah | die Nähe | nearness, proximity, vicinity |
| groß | die Größe | greatness, magnitude, size |
| süß | die Süße | sweetness |

1. sleeping bag 2. footnote 3. adultery 4. nightshirt 5. pajamas 6. crown prince 7. wheelchair 8. walking stick, cane 9. collaborator, coworker 10. index finger 11. question mark 12. exclamation point 13. sundial 14. empire 15. dentist 16. pediatrician 17. gynecologist 18. ophthalmologist, oculist

| | | |
|---|---|---|
| schwach | die Schwäche | weakness |
| fern | die Ferne | distance |
| schwer | die Schwere | heaviness, weight |
| früh | die Frühe | early morning |
| hoch | die Höhe | height, altitude |
| kurz | die Kürze | brevity, shortness |
| frisch | die Frische | freshness |
| warm | die Wärme | warmth |
| gut | die Güte | goodness |
| kalt | die Kälte | cold, coldness |
| stark | die Stärke | strength |
| hart | die Härte | hardness, harshness |
| still | die Stille | calm, quiet |
| heiß | die Hitze | heat |
| weit | die Weite; | distance, width, |
| | die Halsweite | breadth; collar size |

**E.** Only relatively few English adjectives can be used as plural nouns. Examples:

| | |
|---|---|
| the poor | the dead |
| the rich | the young |
| the infirm | the old |

In contrast, many German adjectives can be used as nouns in the plural as well as in the singular. They are then capitalized; the masculine singular designates a male person, the feminine singular a female, the neuter singular "that which is" or "things that are," and the plural refers to persons (not things). Examples:

1. 
| | |
|---|---|
| der Alte | the old man |
| die Alte | the old woman |
| das Alte | that which is old |
| die Alten | the old people |

2. 
| | |
|---|---|
| der Tote | the dead man |
| die Tote | the dead woman, girl |
| die Toten | the dead |

3. 
| | |
|---|---|
| der Arme | the poor man |
| die Arme | the poor woman |
| die Armen | the poor |

4. der Deutsche      ein Deutscher
   die Deutsche     eine Deutsche
   etwas Deutsches  alles Deutsche
   die Deutschen   Deutsche

*Note:* Adjectival nouns are inflected like attributive adjectives, that is, they are treated as if they were followed by a noun:

der Reiche  *(der reiche* Mann)
ein Armer  *(ein armer* Mann)
Arme      *(arme* Leute)
die Armen  *(die armen* Leute)
das Neue   *(das neue* Ding)

After the words etwas, nichts, viel, wenig, the adjective is capitalized and has the strong neuter singular ending -es; but after alles, it has the ending -e.

etwas Neues     something new
nichts Gutes     nothing good
viel Schönes     much that is beautiful
wenig Modernes  little that is modern
alles Neue      everything, all that is new

Practice Examples

Nicht alles Moderne ist schön.  Not everything (that is) modern is beautiful.

die Dorfschöne       the village beauty
die Dorfschönen     the village beauties
Was gibt's Neues?     What's the news? What's new?
Ich habe Altes gern.    I like old things.
Sie haben etwas Wichtiges  You forgot something important.
  vergessen.
Arme wird es immer geben.  There will always be poor people.
Alles Gute!          Best wishes!
mein Kleiner, meine Kleine  my little boy, my little girl
Ich will mein Möglichstes tun.  I'll do whatever I can.

## III. SYNTAKTISCHE ÜBUNGEN

1. Vor etwa zweihundert Jahren gab es in Europa zwei berühmte Diebe, von denen einer Jans hieß, während der an-

dere sich Jens nannte; trotzdem sie aber schon seit langer Zeit voneinander gehört hatten, hatten sie einander noch nie getroffen, so daß sie also nicht wissen konnten, wie der andere aussah.

2. Dies, d. h., daß sie sich trafen, geschah eines Tages irgendwo in Deutschland in einem Gasthaus, wo sie beide durch Zufall an demselben Tisch saßen, ohne zu wissen, mit wem sie aßen und tranken, denn noch hatte keiner dem anderen seinen Namen genannt.

3. Nachdem Jens seinem Nachbarn die Uhr gestohlen hatte, ohne daß Jans es gemerkt hatte, griff dieser nach einer Weile in die Westentasche, um zu sehen, wie spät es war, weil er nicht nur seine Rechnung bezahlen, sondern auch an demselben Abend noch vor Dunkelheit nach Hause kommen wollte.

4. In der Hauptstadt, wo Jans, der verheiratet war, seit Jahren mit seiner Frau wohnte, hatte auch der König des Landes ein Schloß, das er wegen des Schatzhauses, worin sein ganzes Geld lag, mit Soldaten umgeben hatte, um sicher zu sein, daß niemand, der den Schatz stehlen wollte, in seine Nähe kommen konnte, ohne daß man ihn sofort sah und gleich ins Gefängnis warf, welches neben dem Schatzhaus lag.

5. Doch gelang es den beiden, indem sie einfach am Fuß der Mauer ein Loch gruben, während der Nacht, als alle in tiefem Schlaf lagen, in den Schloßhof und von da in das Schatzhaus zu dringen und den darin liegenden Schatz zu stehlen,[1] ohne daß jemand es merkte.

6. Weil der König, sobald man ihm berichtet hatte, daß jemand seinen ganzen Schatz gestohlen hatte, sich nicht erklären konnte, wie es hatte geschehen können, wurde er vor Zorn

---

[1] This portion of the sentence (den . . . Schatz) is an example of a so-called extended modifier construction, a typically German structural device. The three samples in sentences 5, 6, and 7 provide a simple and useful introduction to this construction. (A few more examples in the exercises of the next story are quite a bit harder.) . . . den darin liegenden Schatz zu stehlen: You cannot say "to steal the in it lying treasure" or "to steal the lying in it treasure." "To steal the treasure lying in it" is better, but still awkward if the sentence continues, as is the case here. In English the solution is usually found by using a *relative clause:* "to steal the treasure, which lay there, without anyone noticing it."

und Ärger ganz rot und ließ sogleich die Soldaten vor sich kommen, denen er befohlen hatte, auf das im Schatzhaus liegende Gold und Silber gut aufzupassen.[2]

7. Da nun jeder von ihnen behauptete, niemanden gesehen oder gehört zu haben, und da ihm niemand erklären konnte, wie es hatte geschehen können oder wer der Dieb gewesen sein mochte, ließ der König einen alten, wegen seiner Schlauheit berühmten Mann[3] kommen, der einmal etwas gestohlen hatte und deshalb nun im Gefängnis saß.

8. Was dieser schlaue Dieb ihm riet, tat der König, d. h. er ließ durch seine Diener und Soldaten in der ganzen Stadt bekannt machen, daß vom nächsten Tage an ein Pfund Fleisch hundert Mark kosten sollte; so viel, mit anderen Worten, daß kein einziger Bürger des Staates so reich war, daß er Fleisch zu einem so hohen Preis kaufen konnte, sondern nur jemand, der den Schatz gestohlen und nun deshalb viel mehr Geld als jeder andere Bürger in der Tasche hatte, was es ihm möglich machte, alles, was er sich wünschte, damit zu kaufen.

---

[2] ... auf das im Schatzhaus liegende Gold und Silber gut aufzupassen: It is not possible to express this in English by following the German word sequence. But it becomes possible if the text is converted, in German as in English, into *two* clauses: auf das Gold und Silber gut aufzupassen, das im Schatzhaus lag.

[3] The same technique as above applies here: einen alten Mann, der wegen seiner Schlauheit berühmt war, ... Because the sentence continues and the relative pronoun der is by now rather far removed from its English antecedent, you can simply pick it up and repeat it: "he sent for an old man who was famous on account of his cleverness, a man who had once stolen something and ..." or "he sent for an old man, famous for his cleverness, who had once stolen something ..."

# 8. Herrn Meierbachs Fehler

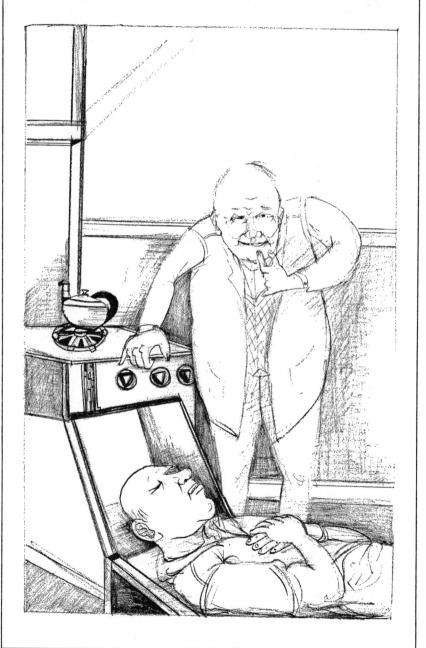

# *Notes*

*"Da(r)-" and "wo(r)-" compounds*
*Meanings of "lassen"*

## I. DA(R)- AND WO(R)- COMPOUNDS

**A.** Personal pronouns in the dative or accusative of the third person can be replaced by the word da- (dar- before a vowel) and a preposition when they refer to a *thing or an idea* (*not* to *persons*) and when they are the object of a preposition. For example,

Dat. dabei     replaces bei ihm     bei ihr     bei ihm     bei ihnen
Acc. dadurch replaces durch ihn   durch sie   durch es   durch sie

The following examples are taken or adapted from Story 8.

> **Der Mann hatte ihn dazu getrieben.** The man had driven him to (do) it.
>
> **Damit war vielleicht etwas Zeit gewonnen.** Perhaps a little time was gained with that.
>
> **Er hatte sich damit sein eigenes Grab gegraben.** With that he had dug his own grave.
>
> **Eine Mappe lag darauf, aber es war nichts darin.** On it lay a folder, but there was nothing in it.
>
> **Ein Anzug hing darin.** A suit was hanging in it (the clothes closet).
>
> **Ein Glas mit der fast leeren Flasche daneben...** A glass with the almost empty bottle next to it...
>
> **Er drückte seine Fingerspitzen darauf (auf das Glas).** He pressed the tips of his fingers on it.
>
> **Das Geld, das Bolte dafür (für sie, für die Papier) verlangte,...** The money that Bolte demanded for them...
>
> **...und am nächsten Morgen lacht er darüber (über das, was geschehen war)!** ...and the following morning he laughs about it!

**B.** Under the same conditions German uses wo(r)- compounds in 1. direct or indirect questions, 2. relative clauses.

1. **Worauf lag die Mappe?** On what was the folder lying?
   **Worin hing der Anzug?** Where (in what) did the suit hang?
   **Wofür verlangte Bolte das Geld?** For what did Bolte demand
   the money?
   **Worüber lachte Bolte?** What did Bolte laugh about?
   **Ich weiß, worauf die Mappe lag.** I know on what the folder was
   lying.
   **Ich kann Ihnen sagen, worin der Anzug hing.** I can tell you
   where (in what) the suit was hanging.
   **Der Brief erklärte, wofür Bolte das Geld verlangte.** The
   letter explained for what Bolte demanded the money.

2. **Das Glas, worin sich das Schlafmittel befand,...** The glass
   in which the sleeping potion was . . .
   **Ein Blatt Papier, womit Bolte bewies, daß...** A sheet of
   paper with which Bolte proved that . . .
   **Er ging zum Schreibtisch, worauf ein Stück Papier lag.**
   He went to the desk, on which lay a piece of paper.

*Note 1:* Especially the use of the **wo(r)-** compounds is not obligatory.
One often hears and sees the preposition followed by **was** (was being
not only the accusative, but also the *dative* form of was).

**Mit was schreiben Sie?** (instead of **womit**)
**Über was lacht er?** (instead of **worüber**)
**das Glas, in dem sich das Schlafmittel befand** (instead of **worin**)

*Note 2:* The following prepositions can never be compounded with
**wo(r)-:**

**außer   hinter   gegenüber   neben   ohne   zwischen**

**Außer, gegenüber,** and **ohne** also cannot be compounded with **da(r)-.**
**Darin** and **worin** can only be used to substitute for the dative case,
not for the accusative.

**Das Haus, *worin* er wohnte,...**
**Das Haus, *in das* er ging,...** (not **worin**)
**Er wohnte darin.** (in it)
**Er ging hinein.** (replacing an only theoretically possible in es)

**C.** German, unlike English, often anticipates a following dependent
clause or infinitive phrase by "announcing" its coming with a **da(r)-** +

preposition compound. The preposition used is governed by the "announcing" verb or adjective.

| | |
|---|---|
| danken für | sich wundern über |
| denken an | lachen über |
| sich freuen über | stolz auf |
| sich freuen auf | froh über |
| | etc. |

Sometimes these anticipatory pronouns can be translated by *the fact that* or a similar phrase; at other times they are best omitted without any loss in the English rendering. Some examples:

Ich danke Ihnen, daß Sie gekommen sind.
Ich danke Ihnen *dafür*, daß Sie gekommen sind.

I thank you for having come. (It would be awkward to say: I thank you for the fact that you have come.)

Er freut sich, nach Mexiko fahren zu können.
Er freut sich *darauf*, nach Mexiko fahren zu können.

He is looking forward to being able to go to Mexico.

Er hatte *darüber* gelacht, daß er seine Rechnung nicht bezahlt hatte. He had laughed about the fact that he had not paid his bill. *or* He had laughed about not having paid his bill.

Er hatte sich *darüber* gewundert, daß Bolte die Dokumente behalten hatte. He had been surprised (with the fact) that Bolte had kept the documents, *or* . . . at Bolte's having kept the documents.

Nichts im Haus durfte *darauf* deuten, daß er hier gewesen war. Nothing in the house must point to the fact that he had been here. *or* . . . must point to his having been here.

Bolte hatte nicht *daran* gedacht, daß es noch ein anderes Mittel gab . . . Bolte had not thought of the fact that there existed still another means . . .

Ich muß der Gasgesellschaft *dafür* danken, daß sie . . . hat. I must thank the gas company for having . . .

Similarly, **es** is frequently used in an anticipatory function.

Ich weiß es, daß er nicht kommen wird. I know that he won't come.

Bolte hatte es vorgezogen zu warten.  Bolte had preferred to
wait.
Können Sie es verstehen, daß der Mann darüber lachte?
Can you understand why the man laughed about it?
Er sah es nicht gern, wenn sie so spät nach Hause kam.
He did not like to see her come home so late.

## II. MEANINGS OF *LASSEN*

The most frequent meanings of lassen are

1. to let

   Laß die Kinder ihr Frühstück allein essen!
   Let the children . . . (1)
   Laßt uns beschließen, den Tod zu fangen!
   Let us resolve . . . (3)

2. to leave

   Einen Kasten läßt der Kaufmann im Zimmer zurück . . .
   leaves behind . . . (4)

3. to cause, order, have someone do something; to cause, order that
   something be done

   Laß ein tiefes Loch graben!   Have a deep hole dug! (7)
   Laß ihn durch die Straßen ziehen!   Have him dragged through
   the streets! (7)

4. fallen lassen   to drop
   kommen lassen   to send for

   Meierbach ließ fast die Gabel fallen.   . . . dropped the fork (8)
   Der König ließ einen alten Dieb kommen.   . . . sent for . . . (8)

## Summary of idioms in Story 8 (for later review)

| 24  | zu so später Stunde   at such a late hour |
| --- | --- |
| 28  | vor ein paar Monaten   a few months ago |
| 39  | ans Werk gehen   to go to work |
| 46  | er war an seinem Freund zum Mörder geworden |
|     | he had become his friend's murderer |
|     | zum Mörder werden an + *dat.* |
| 51  | vor Gericht   in court; before the judge |
| 67  | fünf Jahre lang   for five years |
|     | jahrelang, monatelang, wochenlang, tagelang |
|     | for years, months, weeks, days |
| 87  | der Sache ein Ende machen   to put an end to the matter |
| 90  | zur gleichen Zeit   at the same time |
| 103 | an die Arbeit (gehen)   (to go) to work |
| 121 | einen Kursus belegen   to take a course |
| 141 | es hat keinen Zweck, ...   there is not point in ... |
| 157 | auf immer   forever |
| 190 | nichts als Schulden   nothing but debts |
| 217 | noch eine Minute   one more minute |
| 229 | um diese Zeit   at this time, at this hour |
| 236 | mit Absicht   intentionally |
| 244 | ihm war kalt   he was cold |
| 251 | es lohnt nicht die Mühe   it isn't worth the trouble, the effort |
| 259 | noch einmal   once more |
| 275 | ich will gerade die Rechnung unter die Tür schieben |
|     | I am about to push the bill under the door |
| 276 | durch Zufall   by accident |
| 283 | ich will gerade ... anrufen   I am on the point of calling ... |
|     | wollen + gerade + *inf.*   to be on the point of, be about to |
| 305 | heute abend—heute früh   tonight—this morning |
| 310 | am nächsten Morgen   the next morning |

*Reminder:* Be sure to keep distinguishing the following because their meanings are so different:

auf einmal   suddenly
nicht einmal   not even
noch einmal   once more
einmal (if the first syllable is heavily accented)   once, one time
einmal (without special emphasis)   sometime, someday

# Prereading vocabulary

## Basic words and cognates

der Apparat, -e  apparatus;
  camera
das Aspirin
die Aspirintablette, -n
der Omnibus, -se  bus
der Bus, die Busse  (auto)bus
das Dokument, -e
das Eis  ice; ice cream
die Firma, die Firmen
  firm, company
die Flamme, -n  flame
das Gas  (natural) gas
der Gasherd, -e  gas range,
  gas stove
der Gasofen, ⁓  gas oven
das Hundeleben  dog's life
der Kamm, ⁓e  comb
die Lampe, -n  lamp
das or der Liter, -

der Mord, -e  murder
der Mörder, -  murderer
die Rolle, -n  role, roll
die Seife, -n  soap
die Socke, -n  sock
der Sturm, ⁓e  storm
die Wäsche  wash; laundry;
  linen
das Werk, -e  work
der Whisky
der Winter, -
die Zahnpasta (or Zahnpaste)
  toothpaste
die Zigarette, -n

direkt  direct(ly), straight
kühl  cool
ober  upper
schäbig  shabby
todmüde  dead tired

## Verb preview

This is another alphabetically arranged preview of strong verbs of which nonpresent tense or noninfinitive forms occur for the first time in Story 8. The forms actually used are in italics, and their location in the text is indicated by line numbers. Keep this section in mind for review purposes.

| | | | | | |
|---|---|---|---|---|---|
| 224 | aus-sehen | sieht aus | *sah aus* | ausgesehen | to look (like) |
| 213 | aus-ziehen | | zog aus | *ausgezogen* | to take off |
| | | | | (ist ausge-zogen) | (to move [out]) |
| 67 | behalten | behält | behielt | *behalten* | to keep |
| 150 | beweisen | | *bewies* | bewiesen | to prove |
| 156 | bieten | | bot | *geboten* | to offer |
| 96 | ein-fallen | fällt ein | fiel ein | ist *eingefallen* | to occur |
| 38 | ein-schlafen | schläft ein | schlief ein | ist *einge-schlafen* | to fall asleep |
| 186 | schließen | | *schloß* | geschlossen | to close, lock; conclude |
| 64 | unterschlagen | unterschlägt | unterschlug | *unterschlagen* | to embezzle |

| 255 | vor-kommen |  | *kam vor* | ist vorge-<br>kommen | to occur; seem |
| 92 | vor-schlagen | schlägt vor | schlug vor | *vorgeschlagen* | to propose,<br>suggest |
| 69 | vor-ziehen |  | zog vor | *vorgezogen* | to prefer |
| 164 | waschen | wäscht | *wusch* | gewaschen | to wash |
| 262 | zwingen |  | *zwang* | gezwungen | to force |

der Fehler, - mistake, error
1 (sich) strecken to stretch
3 sich um-blicken to look around
5 der Ort, -e place
6 die Hauptsache, -n
main thing
8 stumm silent; mute
12 das Glied, -er limb; member
die Lage, -n position
13 auf den Gedanken kommen
konnte could get the idea
15 die Stellung, -en position
18 bequem comfortable
nämlich you see
21 es blitzt und donnert there is
thunder and lightning

# 8. Herrn Meierbachs Fehler

## 2.

Ernst Meierbach stand vom Fußboden auf, streckte sich und atmete tief. Dann trocknete er sich mit dem Ärmel den Schweiß von der Stirn und blickte sich in Bruno Boltes kleiner Küche um. Soweit er sehen konnte, war alles am richtigen Ort. Nichts, was nicht natürlich aussah, und das war die Hauptsache. Und nichts durfte darauf deuten, daß er hier gewesen war. Sein Blick kehrte zu der stummen Gestalt zurück, die zu seinen Füßen lag. Es hatte ihn einige Mühe gekostet, den schweren Körper aus dem Wohnzimmer in die Küche zu tragen und die einzelnen Glieder in eine solche Lage zu bringen, daß niemand auf den Gedanken kommen konnte, daß der Mann sich nicht selbst auf den Fußboden gelegt hatte. Ja, die Stellung war gerade richtig; so natürlich wie möglich für eine Stellung, von der man nicht behaupten konnte, daß sie entweder gewöhnlich oder bequem war. Bruno Boltes Kopf steckte nämlich im Gasofen.

Er brauchte sich nicht zu eilen. Als er von zu Haus fortgegangen war, hatte es geblitzt und gedonnert.

22  der Herbst, -e  autumn, fall
26  verlassen  deserted,
        unpopulated
    die Gegend, -en  area
27  übrigens  incidentally,
        by the way, moreover
29  gezogen war  had moved
35  der Löffel, -  spoon
    das Schlafmittel, -
        sleeping potion
38  eingeschlafen (ein-schlafen)
        fallen asleep
40  der Sessel, -  armchair,
        easy chair
43  (sich) ausruhen  to rest
46  die Schuld  fault; guilt; blame
51  vor Gericht  in court
    das Gericht, -e
        court (of justice)

Ein richtiger Herbststurm. Jetzt fiel draußen ein
starker Regen, es war fast Mitternacht, und bei
24 einem solchen Wetter und zu so später Stunde setzte
niemand den Fuß auf die Straße, um Bolte zu besuchen, der allein in einer ziemlich verlassenen Ge-
27 gend wohnte und übrigens kaum viele Freunde oder
Bekannte haben konnte, da er erst vor ein paar
Monaten in die Stadt gezogen war. Und daß Bolte
30 nicht aufwachte, war sicher. Der Narr hatte während des Abends so viel getrunken, daß er nichts
gemerkt hatte, als Meierbach mit zwei gefüllten
33 Gläsern aus der Küche zurückkam und ihm d a s
Glas reichte, worin sich außer Whisky und Eis jetzt
auch ein Teelöffelvoll von dem starken Schlafmittel
36 befand, das Meierbach in einem Fläschchen von zu
Haus mitgebracht hatte. Es hatte beinah sofort ge-
wirkt. Bolte war eingeschlafen, bevor er die Hälfte
39 getrunken hatte. Meierbach war sofort ans Werk
gegangen, hatte Bolte aus dem Sessel gehoben und
ihn in die Küche getragen.
42 Vielleicht war es besser, wenn er sich erst etwas
ausruhte und eine Zigarette rauchte, bevor er anfing, die Papiere zu suchen, wegen deren Boltes Kopf
45 nun im Gasofen lag. Er ging ins Wohnzimmer zurück und setzte sich. War es s e i n e Schuld, daß er
an seinem früheren Freund und Kollegen zum Mör-
48 der geworden war? Nein, der Mann hatte ihn dazu
getrieben. War es s e i n e Schuld, daß Bolte fünf
Jahre im Gefängnis gesessen hatte? Weder er noch
51 sein Freund hatten damals vor Gericht die Wahrheit gesagt, aber irgendwie hatte man i h m ge-

55 dadurch  thereby

61 jahrelang  for years

62 die Buchhaltungsabteilung,
-en  accounting division
die Abteilung, -en
department, division

64 unterschlagen  to embezzle

69 vorgezogen (vor-ziehen)
preferred

71 stückweise  piece by piece,
piecemeal

73 der Erpresser, -  blackmailer
erpressen  to blackmail

75 fordern  to demand
innerhalb  within

76 die Briefmarke, -n
postage stamp

77 der Stempel, -  postmark
(cancellation stamp); stamp

der Donnerstag, -e  Thursday
vorig  last, past

78 der Montag, -e  Monday

79 die Verhältnisse (*pl.*)
circumstances

glaubt, nicht Bolte. Er hatte sich damals darüber
54 gewundert, daß Bolte dem Richter die kompromit-
tierenden Dokumente nicht gezeigt und dadurch
auch i h n auf die nächsten fünf Jahre ins Gefäng-
57 nis gebracht hatte. Jetzt, nach fünf Jahren, als
Bolte ihm vor ein paar Tagen plötzlich schrieb, hatte
er endlich den wahren Grund erfahren, warum Bolte
60 so lange geschwiegen hatte. Bolte, sein alter Freund
und Kollege—sie hatten jahrelang bei derselben
Firma in der Buchhaltungsabteilung zusammen
63 gearbeitet und zusammen Zehntausende von Mark
unterschlagen—sein guter Freund Bolte hatte die
alten Dokumente nicht weggeworfen, wie Meierbach
66 zuerst gedacht und gehofft hatte. Nein, er hatte sie
fünf Jahre lang behalten und versteckt, und statt
auch ihn damals ins Gefängnis zu bringen, hatte
69 Bolte es vorgezogen, zu warten, bis er wieder ein
freier Mann war. Dann konnte er seinen Plan durch-
führen und ihm die Dokumente stückweise und
72 teuer verkaufen und wer weiß wie lange auf Meierbachs Kosten leben! Der Erpresser!

## 2.

Der Mann hatte für jedes Dokument die runde
75 Summe von fünftausend Mark gefordert. Und innerhalb einer Woche! Das Datum des Briefmarken-
stempels war vom Donnerstag der vorigen Woche.
78 Heute war Montag. Nur noch drei Tage Zeit. Fünftausend Mark! So gut waren seine Verhältnisse
nicht, daß er sich solche Summen leisten konnte.

81 Sollte er trotzdem für die ersten paar Dokumente zahlen, um Zeit zu gewinnen? Nein, damit gewann er vielleicht ein paar Wochen, aber sonst nichts.

84 Wenn er zahlte und wenn das so weiterging, war das Geld, das er bisher gespart hatte, bald zu Ende und er selbst ein armer Mann. Das Beste, was er tun

87 konnte, war, daß er der ganzen Sache möglichst schnell ein Ende machte, bevor es zu spät war. Er hatte Bolte angerufen und versprochen zu zahlen.

90 Aber er hatte ihn zur gleichen Zeit gebeten, ihm ein paar Tage Zeit zu geben, und Bolte war dumm genug gewesen, ja zu sagen, als er ihm gestern vor-

93 schlug, heute abend zu Boltes Wohnung zu kommen, um mit ihm über den Preis zu sprechen, den er für die Papiere verlangt hatte. Es war dem Dummkopf

96 nicht eingefallen, daß er sich damit sein eigenes Grab gegraben hatte.

Aber nun ans Werk! Es blieb noch genug zu tun.

99 Wenn er wollte, daß Boltes Tod morgen, wenn man ihn entdeckte, wie Selbstmord aussah, dann durfte er jetzt keinen Fehler machen. Nichts in der Woh-

102 nung durfte auf irgendeine Verbindung zwischen ihm und Bolte deuten. An die Arbeit! Zunächst die Papiere. Ein rundes Dutzend, hatte Bolte gesagt.

105 Sie konnten nicht schwer zu finden sein.

Ernst Meierbach stand auf, zog die Handschuhe an, die er mitgebracht hatte, und begann zu suchen.

108 Auf dem Schreibtisch stand nur eine alte Schreibmaschine; daneben lag eine Mappe mit lauter Rechnungen, mehrere darunter unbezahlt. Und da war

111 der Füller, mit dem Bolte wahrscheinlich seinen

112   die Schublade, -n   drawer
113   die Schere, -n
      (pair of) scissors
115   das Streichholz, ¨er   match
      das Stehpult, -e   standing
        desk, high desk (with
116       many drawers)
      flicken   to mend, patch
117   bügeln   to iron; press
118   die Unterwäsche   underwear
120   stopfen   to darn
      dafür   in exchange, to make up
121       for it
      mehrere Kurse   several
        courses
      der Kursus, die Kurse
        (academic) course
      im Erpressen   in how to
122       blackmail
123   belegen   to take (a course)
127   mochte   could, might
      der Kleiderschrank, ¨e
        (free-standing) clothes
130       closet, wardrobe
131   die Jacke, -n   jacket
135   die Schachtel, -n   box
136   unordentlich   untidy
      der Gegenstand, ¨e
137       thing, object, item
      der Rasierapparat, -e
        (safety) razor
138       (sich) rasieren   to shave
      der Pinsel, -   brush, paintbrush
      die Bürste, -n   brush
        (for scrubbing)
      die Zahnpasta (or Zahnpaste)
        toothpaste
139   das Birkenwasser   hair lotion
      with birch-tree sap as an
      ingredient (supposedly good
      against progressing bald-
      ness)
      die Birke, -n   birch tree
      das Handtuch, ¨er
        (hand)towel
      der Waschlappen, -   washcloth

Brief geschrieben hatte. Die Schubladen waren fast leer: ein Fläschchen Tinte, eine Schere, Streichhölzer, ein paar Bleistifte, eine Rolle Briefmarken, das war alles. Im Schlafzimmer stand ein altes Stehpult, aber es war nichts darin außer einem geflickten und ungebügelten Hemd, etwas schmutziger Unterwäsche und ein paar einzelnen, schlecht gestopften Socken. Flicken und Stopfen hatte Bolte im Gefängnis nicht gelernt, soviel war sicher; aber dafür hatte er wahrscheinlich mehrere Kurse im Erpressen anderer Leute belegt!

Wo mochte Bolte die Papiere versteckt haben? Bolte war schlau genug gewesen, sie ihm nicht zu zeigen, aber Meierbach war sicher, daß er sie nicht nur behalten hatte, sondern daß sie in der Wohnung waren. Vielleicht in den Kleidern? Wo war der Kleiderschrank? Ein schäbiger Anzug und eine Hose hingen darin, aber die Taschen waren leer. In einer Jacke fand er einen Kamm, in einer anderen eine Streichholzschachtel. Er kroch unters Bett, sah hinter die wenigen Bilder, die an den Wänden hingen, suchte zwischen den Tassen, Tellern und Töpfen in der Küche. Nichts. Auch in dem kleinen Badezimmer, wo alles etwas unordentlicher war als im Rest der Wohnung, war nichts zu finden. Lauter Gegenstände, die in ein Badezimmer gehörten: Rasierapparat, Rasierpinsel, Zahnbürste und Zahnpasta, eine Flasche Birkenwasser, Handtuch, Waschlappen, ein Stück Seife, sonst nichts. Nach zwei Stunden hörte Meierbach auf. Es hatte keinen Zweck, noch länger weiterzusuchen. Er ließ sich in den Sessel fallen.

| 147 | sowieso  anyhow, anyway |
|---|---|
| 150 | bewies (beweisen)  proved |
| 154 | die Möglichkeit, -en |
| |     possibility |
| | rechnen mit  to figure |
| 156 | geboten (bieten) |
| |     provided (offered) |
| | gefahrlos—mühelos  without |
| |     danger—without trouble |
| 157 | auf immer  forever, for all |
| |     time to come |
| | los-werden  to get rid of |
| 158 | überhaupt erst  actually first |
| 164 | wusch (waschen)  washed |
| | spülen  to rinse |
| 167 | der Schwamm, ⁼e  sponge |
| | der Lappen, -  piece of cloth |

Die Papiere waren ohne Zweifel im Haus, aber der
144 schlaue Fuchs hatte sie so gut versteckt, daß niemand sie finden konnte. „Wenn es m i r nicht gelungen ist", sagte sich Meierbach, „dann findet die
147 Polizei sie bestimmt auch nicht. Sie wird sowieso
nicht danach suchen." Warum sollte die Polizei nach
etwas suchen, wenn mitten auf dem Schreibtisch ein
150 Blatt Papier lag, womit Bolte selbst bewies, daß er
sich das Leben genommen hatte? Für die Polizei war
die Sache ein klarer Fall von Selbstmord. Was für
153 ein Zufall, daß Bolte ihm diesen Brief geschrieben
hatte! Bolte hatte nicht mit der Möglichkeit gerech-
net, daß er mit den letzten Sätzen seines Briefes
156 Meierbach die Gelegenheit geboten hatte, ihn ge-
fahr- und mühelos auf immer loszuwerden. Ja, der
Brief hatte ihm überhaupt erst die Idee gegeben, zu
159 welchem Zweck er ihn gebrauchen konnte. Er durfte
nicht vergessen, ihn nachher auf den Schreibtisch
zu legen.


### 3.

162 Er ging ins Wohnzimmer zurück. Sein Blick fiel auf
die zwei Gläser, die noch auf dem Tisch standen. Er
nahm seins, trug es in die Küche, wusch und spülte
165 es, trocknete es ab und stellte es zu den anderen in
den Küchenschrank zurück. Dann wischte er mit
Schwamm und Lappen den nassen Ring ab, den das
168 Glas auf dem Tisch zurückgelassen hatte. Boltes
Glas mit der fast leeren Flasche daneben konnte er
auf dem Tisch stehen lassen; die Polizei sollte sehen,
171 wieviel Bolte getrunken hatte. Aber nein! Mein Gott,

172 beinah(e) = fast  almost
175 die Fingerspitze, -n
    fingertip
176 berühren  to touch
178 der Kühlschrank, ⸚e
    refrigerator
183 der Inhalt, -e  contents
186 schloß (schließen)  concluded
190 nichts als  nothing but
    die Schulden (*pl.*)  debts
194 der Unterschied, -e  difference
195 der Vorteil, -e  advantage
199 ober  upper
    schief  diagonal(ly)

was für einen Fehler er beinahe gemacht hatte! Er hatte fast vergessen, daß das Schlafmittel noch in

174 Boltes Whisky war. Seine Hand zitterte, als er auch das zweite Glas wusch, das er vorher mit den Fingerspitzen berührt hatte, als er es für Bolte ins Wohn-

177 zimmer brachte. Dann füllte er es wieder halb mit Whisky und frischem Eis aus dem Kühlschrank, hob Boltes Arm, gab ihm das Glas in die Hand, drückte

180 seine Fingerspitzen darauf und stellte es auf den Tisch im Wohnzimmer zurück.

Und nun zu Boltes Brief. Wie gut es war, daß

183 Bolte zwei Blätter gebraucht hatte! Der Inhalt des ganzen ersten Blattes hatte mit den Dokumenten zu tun und dem Geld, das Bolte dafür wollte. Das

186 zweite Blatt begann und schloß mit den folgenden Worten: „Ich habe genug von dem Hundeleben, das ich fünf Jahre lang im Gefängnis geführt habe. Und

189 jetzt? Seit drei Monaten keine Arbeit, kein Geld und nichts als Schulden. Warum soll ich es mir nicht leicht machen? Bruno Bolte." Meierbach lächelte.

192 Bolte hatte nicht daran gedacht, daß es noch ein anderes Mittel gab, ein schwieriges Problem zu lösen. Nur war der Unterschied, daß dieses andere

195 Mittel den großen Vorteil hatte, daß es nicht Bolte, sondern Meierbach vor einem Hundeleben rettete. Er steckte das erste Blatt in seine Brieftasche zu-

198 rück. Vom zweiten brauchte er nur mit Boltes Schere die obere rechte Ecke, wo die 2 stand, schief abzuschneiden, bevor er es mitten auf den Schreib-

201 tisch legte. Der erste, der heute ins Haus trat, mußte es sofort sehen.

203 dicht   tight(ly)
209 der Regenschirm, -e
    umbrella
210 vollständig   complete(ly)
213 ausgezogen (aus-ziehen)
    taken off
    der Strumpf, ⁻e   stocking
217 der Gasherd, -e   gas range
218 dann war's geschafft
    then he was finished
    schaffen (*weak verb*)
    to accomplish, do,
    manage to do
219 die Zündflamme, -n
    pilot light
220 auf-drehen   to turn open
    der Knopf, ⁻e   knob; button
224 sah . . . aus (aus-sehen)
    looked
229 einsam   deserted; lonely
    als sonst   than usual
230 der (Omni)bus, -se   bus
231 längst   long ago
232 der Nebel, -   fog
233 begegnen   to meet, encounter

Waren die Fenster dicht geschlossen? Er ging von einem zum anderen und prüfte sie. Eins stand halb offen. Er schloß es. Es war wichtig, daß das Gas lange genug in der Wohnung blieb, um seinen Zweck zu erfüllen. Hatte er den Fußboden schmutzig gemacht, als er von draußen hereingekommen war? Nein, sein Regenschirm und seine Schuhe waren vollständig trocken gewesen. Der Regen hatte erst angefangen, nachdem er schon im Haus war, und sobald Bolte eingeschlafen war, hatte er die Schuhe ausgezogen und war in Strümpfen durch die Zimmer gegangen. Fußböden und der schäbige Teppich waren sauber. Gut.

Im Wohnzimmer war alles in Ordnung. Zurück zur Küche und direkt zum Gasherd. Noch eine Minute, dann war's geschafft. Ah, hier war das kleine Loch, worunter die Zündflamme sein mußte. Er blies hindurch und drehte den Knopf auf. Keine Flamme. Gut. Dann drehte er auch das Gas unten im Ofen an, schloß die Küchentür hinter sich und zog eben die Schuhe an, als er nicht weit von der Wohnungstür Boltes Regenschirm stehen sah. Er sah neuer aus als seiner, und Bolte brauchte jetzt keinen Regenschirm mehr. Aber es war besser, wenn er seinen eigenen nahm.

Als er das Haus verließ, war es drei Uhr. Die Straßen waren noch einsamer als sonst um diese Zeit, aller Verkehr hatte aufgehört; Busse und Straßenbahnen liefen längst nicht mehr, und ein leichter Nebel hatte sich auf die Stadt gelegt. Es war ein langer Weg, aber er begegnete niemand.

236   mit Absicht   intentionally
        die Absicht, -en   intention
243   der Schnupfen, -   (head)cold
        die Erkältung, -en   cold
248   der Wecker, -   alarm clock
        läuten   to ring
251   es lohnte nicht die Mühe
        it wasn't worth the effort
        lohnen   to be worth(while);
        reward (for)
254   so einfach es war
        simple as it was
        schmecken   to taste
255   kam ... vor (vor-kommen)
        *here:* seemed, appeared,
        felt like
        wie ein Festmahl   like a feast
        das Mahl, ⁻er *or* -e
        meal; festive meal
256   überhaupt   really, actually
260   (sich) irren   to be mistaken,
        be wrong
        der Briefträger, -   mailman
262   zwang (zwingen)   forced
        ruhig   calm; quiet

# 4.

Der Nebel hatte sich gehoben, als Meierbach um die letzte Ecke bog. Sein Haus war das einzige, worin noch Licht brannte. Er hatte mit Absicht einige Lampen angelassen; seine Nachbarn sollten nicht auf den Gedanken kommen, daß er den ganzen Abend nicht zu Haus gewesen war.

Wie kühl es geworden war, dachte er, als er den Schlüssel aus der Tasche zog und leise ins Haus trat. Nun, es war Herbst, fast Winter, die schlimmste Zeit für Schnupfen und Erkältungen. Aber vielleicht war ihm nur so kalt, weil er müde war. Er machte sich eine Tasse Tee, nahm ein heißes Bad und zwei Aspirintabletten und ging ins Bett.

Er war todmüde, als wenige Stunden später der Wecker läutete und ihn aus tiefem Schlaf weckte. Sieben Uhr. Es war besser, wenn er aufstand und wie gewöhnlich zur Arbeit ging. Die Morgenzeitung lag sicher schon vor der Tür, aber es lohnte nicht die Mühe, sie zu holen. Was ihn heute interessierte, war Boltes Selbstmord in der Abendzeitung.

Das Frühstück, so einfach es war, schmeckte köstlich und kam ihm wie ein Festmahl vor. Von jetzt an, dachte er, war überhaupt jeder Tag ein Festtag. Bolte war tot; er konnte wieder frei atmen.

Was war das? Hatte jemand geklingelt? Ernst Meierbach ließ fast die Gabel fallen. Da, noch einmal! Er hatte sich nicht geirrt. Der Briefträger? Nein, für den Briefträger war es zu früh. Die Polizei? Unmöglich. Er zwang sich, ruhig zu erscheinen und öffnete die Tür. Es war nur der Milchmann, der

<sup>264</sup> draußen mit seinen Flaschen wartete und ihn nun freundlich grüßte. Wie der Mensch ihn erschreckt hatte! Er brachte seine gewohnten zwei Liter Milch <sup>267</sup> herein und bekam dafür die leeren Flaschen zurück; Meierbach kaufte noch ein halbes Pfund Butter und griff eben in die Tasche, um die Rechnung für die <sup>270</sup> letzte Woche zu bezahlen, als der Milchmann sich entschuldigte, daß er heute etwas später als sonst gekommen war. „Und wissen Sie, was mich aufge-<sup>273</sup>halten hat?" sagte er. „Sie werden es kaum glauben. Stellen Sie sich vor, ich komme heut früh um fünf zu einem Haus, stelle eine Flasche vor die Haustür und <sup>276</sup> will gerade die Rechnung unter die Tür schieben, als mein Blick durch Zufall in die Küche fällt. Das Licht war an. Und was, denken Sie, sehe ich auf dem <sup>279</sup> Fußboden liegen? Herrn Bolt . . . Aber es ist besser, wenn ich nicht den Namen nenne. Mit dem Kopf im Gasofen! ,Tot. Selbstmord!' sage ich mir natürlich. <sup>282</sup> Ich stürze ins Haus—die Tür war nicht geschlos-sen—, reiße ein paar Fenster auf und will gerade vom Wohnzimmer die Polizei anrufen, als ich sehe, <sup>285</sup> daß der Mann sich—bewegt! Er steht langsam auf, reibt sich die Augen, starrt in den Ofen, schüttelt den Kopf, kommt ins Wohnzimmer, sieht sich um <sup>288</sup> und geht direkt zum Schreibtisch, auf dem ein Stück Papier liegt. Ich bin vor Überraschung so sprachlos, daß ich eine Minute lang kein Wort über die Lippen <sup>291</sup> bringe. ,Soll ich einen Doktor rufen?' sage ich end-lich.—,Doktor?' antwortet er, ohne mich anzusehen, und wundert sich gar nicht, daß ich im Zimmer bin, <sup>294</sup> sondern liest das Stück Papier ruhig weiter. ,Dok-

295 nee (*coll.*) = nein
296 ich bin vollständig in Ordnung
     I am perfectly all right
     eigentlich   actually
297 je (*or* jemals)   ever, at any time
299 die Gasgesellschaft
     gas company
303 auf einmal   suddenly
311 so was = so etwas
     something like that

tor?' sagt er noch einmal. ‚Nee, ich brauche keinen Doktor. Ich bin vollständig in Ordnung. Eigentlich viel gesünder, als ich mich je gefühlt habe. Und wissen Sie warum? Weil ich meine Schulden nicht bezahlen konnte! ... Ja, ich muß später die Gasgesellschaft anrufen und dafür danken, daß sie mir gestern das Gas abgedreht hat, weil ich seit zwei Monaten meine Gasrechnung nicht bezahlt habe.'—Und dann fängt der Mann auf einmal laut zu lachen an und sagt ganz langsam: ‚Wird mein guter Freund Ernst sich wundern, wenn ich ihm heute abend die Geschichte von der unbezahlten Gasrechnung erzähle! Hahaha . . .'—Na, ich sage Ihnen, ich habe nur mit offenem Mund dagestanden. Denken Sie sich, erst will der Mann sich das Leben nehmen und vergißt, daß das Gas abgedreht ist, und am nächsten Morgen lacht er darüber! Verstehen Sie so was?"

Herr Meierbach war plötzlich ganz weiß geworden. Er antwortete nicht. Er hatte nur zu gut verstanden, warum Bruno Bolte gelacht hatte.

# *Übungen*

## I. FRAGEN ZUM TEXT

### *1.*

1. Was hatte Herrn Meierbach einige Mühe gekostet?
2. Auf welchen Gedanken sollte niemand kommen?
3. Wo war Bruno Boltes Kopf?
4. Warum hatte Bolte nicht viele Freunde?
5. Wie hatte Meierbach Bolte das Schlafmittel gegeben?
6. Was tat Meierbach, bevor er anfing, die Papiere zu suchen?
7. Worüber hatte Meierbach sich gewundert, als er und Bolte vor dem Richter standen?
8. Wann hatte Meierbach endlich den wahren Grund dafür erfahren?
9. Warum hatte Bolte es vorgezogen, die Dokumente zu behalten?

### *2.*

10. Wieviel hatte Bolte für jedes Dokument gefordert?
11. Was war das Beste, was Meierbach tun konnte?
12. Worum hatte Meierbach Bolte gebeten?
13. Was war Herrn Bolte nicht eingefallen?
14. (a) Was fand Meierbach im Schreibtisch? (b) Was fand Meierbach in dem alten Pult? (c) Im Badezimmer?
15. Was fand er in der Jacke?
16. Wo suchte er dann weiter?
17. Warum konnte Meierbach die Dokumente nicht finden?
18. Was sollte das Blatt Papier auf dem Schreibtisch beweisen?
19. Was hatte Meierbach sofort gesehen, als er Boltes Brief las?

### *3.*

20. Was machte Meierbach mit seinem Glas?
21. Warum wollte er die fast leere Flasche auf dem Tisch stehen lassen?
22. Was hatte er fast vergessen?
23. Womit hatte das erste Blatt von Boltes Brief zu tun?
24. Woran hatte Bolte nicht gedacht?

25. Wohin legte Meierbach das zweite Blatt?
26. Warum schloß er das halboffene Fenster?
27. Was hatte Meierbach sofort getan, nachdem Bolte eingeschlafen war?
28. Was tat er, nachdem er das Gas angedreht hatte?
29. Warum wollte er zuerst Boltes Regenschirm nehmen?

**4.**

30. Warum hatte Meierbach mit Absicht einige Lampen in
seinem Haus angelassen?
31. Was tat er, bevor er ins Bett ging?
32. Was interessierte ihn heute in der Abendzeitung?
33. Wie kam ihm das Frühstück vor?
34. Warum war jetzt jeder Tag für ihn ein Festtag?
35. Wozu zwang er sich, bevor er die Tür aufmachte?
36. Warum entschuldigte sich der Milchmann?
37. Was sah der Milchmann, als er gerade die Rechnung unter
Boltes Tür schieben wollte?
38. In welchem Augenblick sah er, daß Bolte sich bewegte?
39. Was tat Bolte, nachdem er aufgestanden war?
40. Warum wollte er die Gasgesellschaft anrufen?
41. Was konnte der Milchmann nicht verstehen?

## II. WORTBILDUNG

### Compound nouns from Story 8
Here is a list of the compound nouns used in Story 8. It gives a convenient overview of some of the ways German forms compounds:
noun + noun, verb + noun, and so on. At the same time, it is a good
opportunity for a review of some important, everyday vocabulary. See
how many you can get right without looking them up!

| | |
|---|---|
| das Wohnzimmer | der Schreibtisch |
| das Schlafzimmer | die Schreibmaschine |
| das Badezimmer | das Streichholz |
| die Hauptsache | die Streichholzschachtel |
| der Herbsturm | der Küchenschrank |
| der Teelöffel | der Kleiderschrank |
| das Schlafmittel | der Kühlschrank |
| der Selbstmord | der Regenschirm |

| | |
|---|---|
| die Brieftasche | die Wohnungstür |
| die Küchentür | die Haustür |
| der Milchmann | die Unterwäsche |
| der Gasofen | die Fingerspitze |
| die Gasrechnung | die Zündflamme |
| der Gasherd | die Morgenzeitung |
| die Gasgesellschaft | die Abendzeitung |
| der Fußboden | der Festtag |
| die Mitternacht | das Festmahl |
| Zehntausende | der Briefträger |
| die Briefmarke | die Straßenbahn |
| der Briefmarkenstempel | die Aspirintablette |
| der Dummkopf | das Birkenwasser |
| der Handschuh | der Rasierapparat |
| das Handtuch | der Rasierpinsel |
| der Bleistift | die Zahnpasta |
| das Frühstück | die Zahnbürste |
| das Hundeleben | die Schublade |
| das Stehpult | der Omnibus |
| der Waschlappen | die Buchhaltungsabteilung |

## New compound nouns

As a challenge, here is a collection of new compounds with either known or easy component parts. See how many you can pin down. Jot down your answers and compare them later with the meanings below.

1. die Nachttischlampe, -n
2. die Steinzeit
3. der Armstuhl, "-e
4. der Spitzbart, "-e
5. der Fachmann,
   die Fachleute
6. die Geldstrafe, -n
7. die Freizeit
8. Allerseelen

9. im Zweifelsfall
10. das Dreieck, -e
11. das Viereck, -e
12. der Hosehträger, -
13. der Wohnwagen, -
14. der Flugplatz, "-e
15. der Bücherwurm, "-er
16. der Reingewinn
17. das Wörterbuch, "-er

1. bedside (table) lamp 2. stone age 3. armchair 4. goatee 5. specialist 6. fine 7. leisure time 8. All Souls' Day 9. in case of doubt 10. triangle 11. quadrangle 12. suspender 13. trailer, mobile home 14. airport 15. bookworm 16. net profit 17. dictionary 18. comedy 19. tragedy 20. funeral march 21. sunset 22. child prodigy 23. eyeglasses 24. glass eye

| 18. das Lustspiel, -e | 22. das Wunderkind, -er |
| 19. das Trauerspiel, -e | 23. die Augengläser (*pl.*) |
| 20. der Trauermarsch, ⁻e | 24. das Glasauge, -n |
| 21. der Sonnenuntergang, ⁻e | |

## Participles as nouns

Just as adjectives can be made into nouns (see Story 7, *Übungen* II. E), present and past participles can be used as adjectives and then be made into nouns—however, not to the same extent. Some examples:

| reisen | reisend | der Reisende, ein Reisender |
| | traveling | traveler |
| vor-sitzen | vorsitzend | der Vorsitzende |
| | presiding | chairman |
| sterben | sterbend | der Sterbende |
| | dying | dying man |
| an-stellen | angestellt | der Angestellte |
| | employed | employee |
| an-klagen | angeklagt | der Angeklagte |
| | accused | defendant |
| senden | gesandt | der Gesandte |
| | sent | ambassador |
| ermorden | ermordet | der Ermordete |
| | murdered | murdered man, murder victim |

As is the case with substantival adjectives, the male gender is transformed into female or plural by changing the article and appending the appropriate ending in the plural. Examples:

die Reisende
eine Angestellte
die Angeklagten

### Compound nouns formed from prepositions or adverbs and nouns

Following are a few examples for the most common prepositions and adverbs. Note the manner of composition: in many cases the prepositions and adverbs are linked with straight nouns; in others, with nouns derived from verbal forms. The symbol "<" indicates the source of the derivation.

| auf | der Aufstand | revolt, rebellion |
| | (< auf-stehen) | |
| | der Aufzug (< ziehen) | elevator |
| | der Sonnenaufgang | sunrise |
| | (< gehen) | |
| aus | das Ausland | foreign country |
| | die Ausnahme (< nehmen) | exception |
| | die Ausfuhr (< fahren) | export |
| außen | das Außenministerium | ministry of foreign affairs |
| | der Außenseiter | outsider |
| | die Außenwand | outer wall, outside wall |
| bei | das Beiblatt | (printed newspaper) supplement |
| | der Beiname | surname, nickname |
| | die Beilage (< liegen) | enclosure; supplement; side dish, side order |
| durch | der Durchbruch | breakthrough; rupture |
| | (< brechen) | |
| | der Durchblick | view, vista |
| | der Durchschnitt | average (i.e., cutting |
| | (< schneiden) | through the middle) |
| ein | das Einkommen | income |
| | der Einwohner | inhabitant |
| | der Eintritt (< treten) | entry, entrance, admission |
| | die Einfuhr | import (versus export) |
| | der Einbrecher | burglar |
| für | das Fürwort | pronoun |
| | die Fürsprache | intercession |
| | (< sprechen) | |
| | die Fürsorgerin | social *or* welfare worker |
| gegen | der Gegenkandidat | opposing candidate |
| | die Gegenreformation | Counter-Reformation |
| | das Gegenteil | opposite, contrary |
| | das Gegengift | antidote |
| hinter | die Hintertür | back door |
| | der Hintergrund | background |
| | das Hinterbein | hind leg |
| | die Hinterbliebenen | relatives of the deceased |
| | (< bleiben) | (i.e., those left behind) |

| in | das Inland | inland, interior (of a country) |
|----|-----------|--------------------|
| | der Inhalt | contents |
| | der Inhaber | owner |
| innen | das Innenministerium | ministry of the interior |
| | die Innenstadt | city center |
| | der Innenraum | interior |
| mit | das Mitglied | member (of an organization) |
| | der Mitarbeiter | collaborator, coworker |
| | der Mitläufer (< laufen) | "fellow traveler" |
| | die Mitgift (< geben) | dowry |
| nach | die Nachwelt | posterity |
| | der Nachteil | disadvantage |
| | das Nachwort | epilogue |
| neben | die Nebenstraße | side street |
| | der Nebenfluß (Fluß river) | tributary |
| | der Nebensatz | dependent clause |
| über | der Überfluß (< fließen to flow) | (super)abundance |
| | die Überstunden (*pl.*) | overtime |
| | der Überzieher | overcoat |
| | die Übergabe | surrender |
| | der Überläufer | deserter |
| um | die Umgegend *or* Umgebung | surrounding area, environs |
| | der Umhang | cape, cloak, (sleeveless) wrap |
| | die Umgangssprache | everyday, colloquial speech |
| unter | der Unteroffizier | noncommissioned officer |
| | die Unterwelt | underworld; Hades |
| | das Unterseeboot | submarine |
| | die Untergrundbahn | subway |
| vor | der Vorteil | advantage |
| | der Vorname | first name, given name |
| | das Vorwort | preface, foreword |
| | die Vorstadt | suburb |
| | die Vorsehung | Providence |

| wider | der Widerstand | resistance |
| (against) | | |
| | der Widerspruch | contradiction |
| | (< sprechen) | |
| | der Widerwille | repugnance |
| zu | die Zulage | increment, extra pay |
| | der Zuname | last name, family name |
| | die Zutaten (*pl.*) (< tun) | ingredients (of a dish) |
| zwischen | der Zwischenraum | interval, intermediate space |
| | die Zwischenaktsmusik | (musical) intermezzo (between two acts) |
| | in der Zwischenzeit | in the meantime |

## III. SYNTAKTISCHE ÜBUNGEN

1. Bolte, der erst vor einigen Tagen das Gefängnis hatte verlassen dürfen, konnte unmöglich in dieser kurzen Zeit viele Leute kennengelernt haben, und selbst wenn er Freunde hatte, so besuchten sie ihn, der allein und in einer ziemlich verlassenen Gegend der Stadt wohnte, zu so später Stunde und bei einem solch starken Regen sicher nicht.

2. Den wahren Grund, warum Bolte die Dokumente behalten und sie dem Richter damals nicht gezeigt hatte, hatte Meierbach endlich erfahren, als ihn ein zwei Seiten langer, handgeschriebener und von Bolte vor vier Tagen abgeschickter Brief[1] erreichte, worin dieser ihm zu verstehen gab, daß ihm das Geld, das er für die Dokumente von Meierbach zu bekommen hoffte, helfen sollte, mach den fünf langen Gefängnisjahren ein neues Leben anzufangen.

3. Es war für Meierbach von größter Wichtigkeit, daß er, wenn Boltes Tod morgen wie Selbstmord aussehen sollte, keinen Fehler machen durfte, denn wenn irgend etwas im Haus darauf deutete, daß er, von dessen früherer Freundschaft mit

---

[1] You will encounter these extended modifier constructions more often as your readings increase in difficulty. Meanwhile, until you receive a systematic statement on how to disentangle these constructions, attack the footnoted sentences as if they consisted of two clauses.
...ein zwei Seiten langer, handgeschriebener Brief, den Bolte vor vier Tagen abgeschickt hatte...

Bolte bisher niemand etwas wußte, heute hier gewesen war und deshalb irgendwie mit ihm etwas zu tun gehabt hatte, dann konnte keiner daran zweifeln, daß niemand außer ihm der Mörder gewesen sein konnte.

4. Weiterzusuchen hatte wenig Zweck, weil es klar war, daß Bolte die Dokumente so gut versteckt hatte, daß sie unmöglich zu finden waren; selbst der Polizei konnte es nicht gelingen, besonders nicht, wenn sie, den Tod Boltes für Selbstmord haltend, nicht einmal danach suchte, da ein mitten auf dem Schreibtisch in Boltes Arbeitszimmer liegendes Blatt Papier[2] klar bewies, daß Bolte, des Lebens müde, sich das Leben genommen hatte.

5. Als Meierbach ihm gestern vorgeschlagen hatte, heute abend zu ihm zu kommen, um mit ihm über den viel zu hohen Preis zu sprechen, den Bolte für die von ihm fünf Jahre lang behaltenen Dokumente[3] verlangt hatte, war es dem Dummkopf nicht eingefallen, daß er sich dadurch, daß er Meierbach in seine Wohnung kommen ließ, sein eigenes Grab gegraben hatte.

6. Nachdem er das Glas, aus dem er selbst erst vor einer Stunde getrunken hatte, gewaschen, abgetrocknet und in die Küche zu den anderen zurückgestellt hatte, dachte er plötzlich daran, daß in Boltes Glas, das er so wie es war auf dem Tisch hatte stehenlassen wollen, nicht nur Whisky und Wasser, sondern auch noch etwas von dem Schlafmittel war, das er in einem in der Manteltasche versteckten Fläschchen[4] von zu Hause mitgebracht hatte.

[2] ... ein Blatt Papier, das mitten auf dem Schreibtisch in Boltes Arbeitszimmer lag ...
[3] ... die Dokumente, die er fünf Jahre lang behalten hatte ...
[4] ... in einem Fläschchen, das in der Manteltasche versteckt war ...

# Conclusion in a Lighter Vein

Here, at the end of the book and by way of relief from the complicated sentences in the *Syntaktische Übungen,* is a piece of English prose by an unknown German author, possibly a German professor eager to impart essential information on "Some Features of German Orthography, Punctuation, and Syntax" to an English-speaking public. Although it is obvious that he knows the rules governing his mother tongue, it is clear that his study of the English language had, at the point of writing, not included the rules governing *English* orthography, punctuation, and especially syntax.

The quickest Way, the german Orthography, Punctuation and above all Wordorder to understand, is english Sentences, whose Words however the normal german Positions occupy, to read. You will first notice, that Nouns are with large Beginningletters written, while Adjectives, even those which to Nationality or Language refer, with small Beginningletters written are. (Of course is the first letter of the first Word of a Sentence, whatever Part of Speech it may be, as in english regularly capitalized; if the first Letter omitted is—e.g. english *'tis*— then is the next Letter still small written. A Phrase like *in german* is in german as adverbial regarded; it is therefore *german* with a small G written. Similarly regards the German those Nouns, which to Verbs so assimilated are, that they with the Verb one Idea convey, as Adverbs: for Example, *placetake, placetotake, it has placetaken*—all verbal Forms, that the one Idea o different Forms of *occur* convey.) In the german Language gives it three common Pronouns today for english *you*—the Forms of one of these, that, that used is, Nonintimates to address, are for reasons, that i perhaps later explain will, capitalized, as also with certain now archaic nonintimate Pronouns the case is.

What most Americans indeed always most struck has, is, that the german Verb not always there stands, where it in an english Sentence, that the same Meaning conveys, stand would. The thegerman-Wordorder-governing Principles are both simple and strict. In the fact need You only them—and a few quick mastered Noun- and Verbendings—to learn, in order any german Passage (naturally with the Aid of a Wordbook) to translate. (Translate is however, as

You surely already know, not Read, for only he, who the Vocabulary or the Foreignlanguage will acquired have, will it [to] read be able.)

Read You i beg again the foregoing Sentences! Try You, the Logic of the german Wordorder to discern! Is surely this Wordorder easy! See you its Principles not?

The passage, with its author in full swing, goes on, but we need not. We know all about German word order by now and do not have to have it reviewed for us in a treatise of Germanized English prose. Furthermore, we are well past the stage where, seeing a somewhat involved German sentence, we would *think* that sentence the way the above text produces it. Or do we still need a little more practice so that we won't?

# Vocabulary

Not counting self-evident compound nouns, verbs, adjectives, obvious derivatives, immediately recognizable cognates, and international words whose meaning and spelling are identical or almost identical in German and English, this vocabulary is limited to 1,370 words. Of these, 987 are double-starred entries from a total of slightly over 1,300 in Pfeffer's *Basic Spoken German Dictionary for Everyday Usage* (see Preface); 218 appear as double- and single-starred words in Purin's *Standard German Vocabulary* (see Preface); 594 of the above 987 also appear in Purin, thus making the total number of Purin words in this Vocabulary add up to 812 out of Purin's 967. Added to the 1,205 Pfeffer and Purin words are 165 entries. They were used because they were indispensable or highly desirable for a given story (Ärmel, entgegnen, erwidern, Gefängnis, Gift, Hase, Hexe, Igel, Kerze, and so on) or their exclusion would have seemed inexcusable (anrufen, anstatt, sich ausruhen, behalten, beinah[e], Bekannte[r], besitzen, Deutschland, endlich, entschuldigen, erkennen, Flasche, Geschenk, hübsch, and more). Also among the 165 words are derivatives and compounds whose meanings do not correspond to a literal translation and must therefore be learned (Armut, Brieftasche, Buchhalter, Dummkopf, Edelstein, einfallen, Gasthaus, Geldstück, Hauptstadt, Hausschuh, jahrelang, Kofferraum, loswerden, Rennen, for example). When one subtracts from the Pfeffer words his listing of numbers (25), common prepositions (22), and basic words (such as da, wo, wer, warum, daß, ja, nein) the figure 1,370 is reduced to below 1,300. This amount is further lessened as a learning load by the fact that a fair number of starred Pfeffer and Purin listings are words that will be no obstacle to the learner: entries like all, Apotheke, Apparat, Arm, Ball, Bus, Butter. Fifty-six double-starred Pfeffer words, many of them recognizable international words, have been used in various word-formation sections of the *Übungen* (the twelve months, Film, Gramm, Industrie, Ingenieur, Maschine, etc.); but because they do not occur in the stories, they are not included in the 987 entries mentioned above.

Omitted from the Vocabulary are also the following: personal pronouns, possessives, and contractions of prepositions with the definite article, a complete listing of which can be found under VI. in the Notes to Story 1.

Unless the plural is nonexistent or not commonly used, nouns are given with plural forms: der Abend, -e (Abende); der Apfel, ⁻ (Äpfel); der Apfelbaum, ⁻e (Apfelbäume). Note that in compounds a plural umlaut affects the stem vowel of the *last* component, but the *first* vowel in the case of a diphthong. Genitives are indicated only when the ending is not -s or -es: der Gefangene, -n, -n; das Herz, -ens, -en.

Umlauted comparatives and superlatives are indicated by the umlauted vowel in parentheses after the simple adjective: arm (ä) thus means arm, ärmer, ärmst-.

The principal parts of strong and irregular verbs are spelled out when the change in form involves more than the stem vowel(s): nehmen (nimmt), nahm, genommen; fallen (ä), fiel, gefallen; otherwise only the vowel change is indicated: sehen (ie), a, e. An (s) after the last principal part means that the verb uses the auxiliary sein in the compound tenses; (s/h) or (h/s) indicates the use of either sein or haben, depending on whether the verb is used intransitively or transitively (as in fahren), or whether in addition it has different meanings (as in ziehen: ich habe schlechte Karten gezogen; ich bin aufs Land gezogen), or whether it is a matter of regional usage (such as sitzen, stehen, liegen; for example, ich habe gesessen in northern and central Germany, ich bin gesessen in southern Germany, Austria, and Switzerland). An asterisk (*) after a compound verb indicates that the principal parts are found under the simple verb. A hyphen between verb and prefix means that the prefix is separable.

The number before an entry indicates the place of its first occurrence. When the same word assumes a different meaning, that meaning is followed by its first-occurrence number in parentheses:

6   die Uhr, -en   o'clock; watch (7)

The meaning of a word's first occurrence does not extend beyond the semicolon; unnumbered entries after it are other, basic meanings of the word that do not occur in the stories, but with which the student may wish to become acquainted:

5   die Aufgabe, -n   assignment, obligation; lesson; task; job

A number in parentheses before a word indicates that the word appears in the book in a compound noun or is used idiomatically: (8) das Aspirin occurs in Story 8 as Aspirintablette; (7) die Schlange appears in Story 7 as Schlange stehen.

A hyphen after an adjective means that the word when used in context will have an ending: letzt-.

Nothing in a language is as elusive and less subject to rules as the use of prepositions. Therefore, no attempt has been made to pin down the various translations, together with their first occurrence, of the twenty or so most common German prepositions. Instead, *all* possible translations have been provided as listed in J. Alan Pfeffer's *Grunddeutsch. Index of English Equivalents for the Basic (Spoken) German Word List. Grundstufe.* In case of doubt, this will make it possible to select the appropriate translation from among them. Whereas the *Index* lists all of the translations for a given preposition without context (eleven for nach, for example!), Pfeffer's *BSGDfEU* illustrates every possible translation with a complete German sentence—a unique and most welcome feature in a dictionary.

Abbreviations used in the Vocabulary:

*acc.* = *accusative*
*adj.* = *adjective*
*adj. decl.* = *adjectival declension* (The noun is declined as if it were an adjective followed by a noun: der Fremde, ein Fremder, diesem Fremden, die Fremden.)
*adv.* = *adverb*
*conj.* = *conjunction*
*gen.* = *genitive*
*pl.* = *plural*
Ü1, Ü4 = *Übungen,* Story 1 (word-formation section), *Übungen,* Story 4, and so on.

| | | |
|---|---|---|
| 8 | ab | off, away; down |
| 8 | ab-drehen | to turn off |
| 2 | der Abend, -e | evening |
| 3 | das Abendbrot, -e | supper, dinner |
| 4 | das Abendessen, - | supper, dinner |
| 2 | das Abendgebet, -e | evening prayer |
| 2 | der Abendstern | evening star |
| 8 | die Abendzeitung, -en | evening (news)paper |
| 2 | abends | in the evening |
| 1 | aber | but, however |
| 5 | ab-reißen* | to tear off |
| 7 | ab-schneiden* | to cut off |
| 8 | die Absicht, -en | intention |
| 8 | die Abteilung, -en | department, division |
| 8 | ab-trocknen | to wipe, dry |

8  ab-wischen  to wipe off
2  ach  alas; oh, ah
1  acht  eight
5  achtzig  eighty
7  ähnlich  similar
2  der Akt, -e  act (play, opera)
1  der Alkohol  alcohol
3  all, alles  all, everything
2     alle (*pl.*)  all
1  allein  alone
6  allein (*conj.*)  however, yet
4  allerlei  all sorts of
6  allgemein  general(ly)
4  als  as; than (3); when (5)
3  als ob  as if, as though
1  also  therefore, thus, then; well; so
1  alt (ä)  old
3  der Alte, -n, -n (*adj. decl.*) old man
3  das Alter, -  age, old age
4  (das) Amerika  America; U.S.A.
4     amerikanisch  American
4  das Amt, ̈er  office
   an  in; to; at; on; of; by
1  ander-  other
4  ändern  to change
4  anders  different
8  an-drehen  to turn on
1  an-fangen*  to begin, start
3  angenehm  pleasant, agreeable
1  die Angst, ̈e  fear
5  an-haben*  to have on
3  an-kommen* (s)  to arrive
5  die Anlagen (*pl.*)  grounds (die Anlage, -n  installation; enclosure; grounds)
8  an-lassen*  to leave on
6  an-rufen*  to call, telephone
1  anstatt (+ *gen.*)  instead of
1  die Antwort, -en  answer, reply
1     antworten  to answer, reply

5  an-ziehen*  to put on, dress
5  der Anzug, ̈e  (man's) suit
7  an-zünden  to light
2  der Apfel, ̈  apple
2     der Apfelbaum, ̈e  apple tree
3  die Apotheke, -n  apothecary's shop, pharmacy, drugstore
3     der Apotheker, -  pharmacist, druggist
(8)  der Apparat, -e  apparatus
6  der April  April
1  die Arbeit, -en  work
1     arbeiten  to work
4  der Ärger  annoyance, vexation
5     ärgerlich  annoying
4  sich ärgern über + *acc.* to be annoyed at ärgern  to annoy, vex, irritate
4  der Arm, -e  arm
3  arm (ä)  poor
3     die Armen (*pl.*) poor (people)
6  der Ärmel, -  sleeve
3  die Armut  poverty
4  die Art, -en  kind, manner, sort, way
6  der Arzt, ̈e  doctor, physician
(8)  das Aspirin  aspirin
8     die Aspirintablette, -n aspirin tablet
6  atmen  to breathe
1  auch  also, too
1  auf  on; at; in; to; open; up
5  die Aufgabe, -n  assignment, obligation; lesson; task; job
8  auf-halten*  to delay, detain
5  auf-hören  to stop, cease
2  auf-machen  to open
6  auf-nehmen*  to take up
2  auf-passen  to pay attention, watch, look out
8  auf-reißen*  to tear open

5 auf-setzen to put on
3 auf-stehen* (s) to get up
5 auf-stellen to line up, put, set up
5 auf-wachen (s) to wake up, awaken
1 das Auge, -n eye
3 der Augenblick, -e moment
Ü1 der August August
aus from; out of; of; for; made of; over, finished; out
5 die Ausbildung, -en training; education
7 aus-blasen* to blow out
4 der Ausdruck, -e expression
4 aus-gehen* (s) to go out
4 das Ausland foreign country, abroad
8 sich aus-ruhen to rest
7 aus-sehen* to look (like)
6 außen (on the) outside
6 die Außenwelt outside world
3 außer except, besides, apart from
5 außerordentlich extraordinary
6 auswendig (wissen, lernen) (to know, learn) by heart
6 aus-ziehen* to take off, undress
4 das Auto, -s car, automobile
4 der Autoreifen, - (car) tire

5 die Backe, -n cheek
5 backen (ä), backte, gebacken to bake
1 das Bad, -er bath
8 das Badezimmer, - bathroom
6 die Bahn, -en train, railroad
6 der Bahnhof, -e railroad station
2 bald soon
5 der Ball, -e ball (game and dance)

Ü2 die Banane, -n banana
5 der Bart, -e beard
5 basteln to make (as a hobby), putter
7 der Bauch, -e belly, stomach, tummy
3 der Bauer, -s/-n, n farmer, peasant
2 der Baum, -e tree
4 der Beamte, -n, -n (adj. decl.) official
6 bedeuten to mean, signify
6 bedienen to wait on
3 befehlen (ie), a, o to command, order
6 sich befinden, a, u to be, find oneself; feel
8 begegnen (s) to meet, encounter
1 beginnen, a, o to begin, start
2 behalten (ä), ie, a to keep
7 behaupten to maintain, assert, claim, say
bei at; with; near (by); in the case of; in; at the house of
1 beide both
1 das Bein, -e leg; foot
8 beinah(e) almost, nearly
4 das Beispiel, -e example
3 bekannt known, well known, familiar
4 der Bekannte, -n, -n (adj. decl.) acquaintance (person)
2 bekommen, bekam, bekommen to get, receive
8 belegen to take (a course)
2 bellen to bark
6 beobachten to observe
8 bequem comfortable
3 der Berg, -e mountain
3 berichten to report
7 beruflich professional(ly)
7 berühmt famous
8 berühren to touch

5 beschäftigen  to employ,
   occupy
3 beschließen, beschloß,
   beschlossen  to decide
5 besitzen, besaß, besessen
   to own, possess
6 besonder-  special, particular
2 besonders  (e)specially,
   particularly
1 besser, best-  better, best
6 bestellen  to order (food,
   drink, etc.)
5 bestimmen  to destine,
   intend (for); order,
   decide (7)
4 bestimmt  certain(ly),
   definite(ly)
8 besuchen  to visit
5 der Betrieb  activity
4 das Bett, -en  bed
7   das Bettuch, ¨-er  bedsheet
1 bevor (conj.)  before
8 bewegen  to move
8 beweisen, ie, ie  to prove
4 bezahlen  to pay
6 biegen, o, o (s/h)  to turn;
   bend
4 bieten, o, o  to offer
6 das Bild, -er  picture
   bilden  to form
5   gebildet  educated
4 billig  inexpensive, cheap
7 binden, a, u  to bind, tie
(8) die Birke, -n  birch
8   das Birkenwasser  hair
   lotion made of the sap
   of the birch tree
1 bis  until, till; as far as; to
7 bisher  up to now, thus far;
   up to that time
3 bitten, bat, gebeten  to ask
2 bitter  bitter
1 blasen (ä), ie, a  to blow
6 das Blatt, ¨-er  leaf; sheet
1 blau  blue
1 bleiben, ie, ie (s)  to remain,
   stay

3 bleich  pale
4 der Bleistift, -e  pencil
6 der Blick, -e  glance, look;
   view
6 „Blitz"  "Lightning"
(6)  der Blitz, -e  lightning
8  blitzen  to (be) lighten(ing)
5 blühen  to bloom
3 die Blume, -n  flower
1 das Blut  blood
1  bluten  to bleed
5 der Boden, ¨  ground, floor;
   soil
1 böse  angry; bad, evil,
   wicked (2)
5 braten (ä), ie, a  to roast;
   broil; fry
1 brauchen  to need; use
5 braun  brown
3 brechen (i), a, o  to break
5 breit  wide, broad
6 brennen, brannte, gebrannt
   to burn
2 das Brett, -er  board (wood)
4 der Brief, -e  letter
8   die Briefmarke, -n
   (postage) stamp
4   die Brieftasche, -n
   wallet, billfold
8   der Briefträger, -
   mailman
5 die Brille, -n  (eye)glasses
3 bringen, brachte, gebracht
   to bring, take
3 das Brot, -e  bread, loaf of
   bread
3 der Bruder, ¨  brother
4 brüllen  to roar, shout
3 die Brust, ¨-e  breast, chest
1 das Buch, ¨-er  book
6   der Buchhalter, -
   accountant
8   die Buchhaltungsab-
   teilung, -en  accounting
   department
6   der Buchmacher, -
   bookmaker, "bookie"
6   der Buchstabe, -n  letter
   (of the alphabet)

8 bügeln  to iron, press
7 der Bürger, -  citizen, burgher
4 8 die Bürste, -n  brush
8 der Bus, -se  bus
1 der Busch, ⁻e  bush, shrub
7 die Butter  butter

6 die Chance, -n  chance, opportunity
6 der Charakter, -e  character

1 da  there, here; then (2); since (4)
4 dabei  in so doing, at the same time
7 das Dach, ⁻er  roof
5 dafür  for it, in exchange
4 dahin  there (to that place)
4 damals  then, at that time
5 die Dame, -n  lady
3 damit  with that
4 damit (conj.)  so that
4 der Dank  thanks, gratitude
2 danken  to thank
1 dann  then
6 dar-stellen  to represent
4 darum  therefore
daß  that
6 das Datum, die Daten  date (time)
4 dauern  to last, take (time)
1 denken  to think
6 sich denken  to imagine, think
2 denn  because, for; then
7 dennoch  nevertheless, still, yet
4 derselbe, dieselbe, dasselbe, etc.  the same
2 deshalb  therefore
6 desto: je mehr, desto besser  the more the better
6 deuten  to point
2 deutsch  German

4 (das) Deutschland  Germany
Ü1 der Dezember  December
8 dicht  tight(ly); dense
5 dick  thick, fat
2 der Dieb, -e  thief
5 dienen  to serve, to be of service
3 der Diener, -  servant
4 der Dienst, -e  service
1 dieser, diese, dieses, etc.  this; the latter
3 diesmal  this time
4 das Ding, -e  thing
2 doch  after all; anyhow, but; certainly; do (to express emphasis: "do sit down!")
6 der Doktor, -en  doctor, physician
8 das Dokument, -e  document
8 donnern  to thunder
8 der Donnerstag, -e  Thursday
4 doppelt  double
3 das Dorf, ⁻er  village
1 dort  there
5 der Draht, ⁻e  wire
3 draußen  outside
5 der Dreck  mud
8 drehen  to turn
1 drei  three
4 dreißig  thirty
6 dringen, a, u (s)  to penetrate, press, push, urge
2 dritt-  third
6 drittens  thirdly
5 drücken  to press, push, squeeze
1 dumm (ü)  stupid
4 die Dummheit, -en  stupidity
3 der Dummkopf, ⁻e  blockhead, dumbbell
2 dunkel  dark
1 dünn  thin
2 durch  through; by
6 durchaus nicht  by no means
3 durch-führen  to carry out

4 durch-lassen* to let through
2 dürfen (darf), durfte,
   gedurft/dürfen to be
   allowed to, may
6 der Durst thirst
2   durstig thirsty
6 (sich) duschen to take a
   shower
7 das Dutzend, -e dozen

5 eben just, just then
6 die Ecke, -n corner
   edel noble
4   der Edelstein, -e
   precious stone
(7) die Ehe, -n marriage
7   das Ehepaar, -e
   married couple
5 das Ei, -er egg
5 der Eifer zeal
3 eigen (adj.) own
6 eigentlich actual(ly), real(ly)
3 (sich) eilen to hurry
   eilen (s); sich eilen (h)
3 einander one another,
   each other
6 der Eindruck, ⁻e impression
4 einfach simple, simply
8 ein-fallen* (s) to occur
4 einige a few, some, several
1 einmal once; some day;
   at one time
3   auf einmal suddenly
7   nicht einmal not even
1   noch einmal once more
1 eins one (number)
8 einsam lonely
8 ein-schlafen* (s) to fall
   asleep
7 einst once upon a time
5 ein-stellen to engage,
   employ, hire
4 einzeln individual(ly),
   single, singly
3 einzig only (adj.), sole
8 das Eis ice

3 das Eisen iron
6 die Eisenbahn, -en
   railroad, train
6 elegant elegant
1 elf eleven
4 die Eltern (pl.) parents
1 das Ende, -n end
1   enden to end, finish
2 endlich finally
6 eng narrow
4 enorm enormous
7 entdecken to discover
(5) die Ente, -n duck
5   das Entchen, - duckling
3 entgegnen to answer, reply
3 entlang along
3   entlang-gehen* (s)
   to go, walk along
3 entscheiden, ie, ie to decide
8 (sich) entschuldigen
   to excuse, apologize
7   die Entschuldigung, -en
   excuse, apology
4 entstehen, entstand,
   entstanden (s) to come
   about, originate, start, arise
4 entweder ... oder
   either ... or
7 entwickeln to develop
3 erblicken to see, catch
   sight of
5 die Erbse, -n pea
2 die Erde earth, ground, soil
7 erfahren (ä), u, a to learn,
   find out
2 erfüllen to fulfill
5 errinnern to remind
8 sich erkälten to catch cold
4 erkennen, erkannte, erkannt
   to recognize
3 erklären to explain
5 erlauben to allow, permit
   die Erlaubnis permission
4 -erlei kinds of
6 ernst serious, earnest,
   stern, grave
8 erpressen to blackmail

8 der Erpresser, -
   blackmailer
6 erscheinen, ie, ie (s)
   to appear, seem
7 erschrecken  to frighten,
   scare
1 erst-  first
5 erst  first (of all)
2 erst  only; not until (6)
6 erstens  (in the) first (place)
3 erwidern  to reply, answer
1 erzählen  to tell (about), relate
3 die Erzählung, -en
   story, tale, narrative
2 der Esel, -  donkey
1 essen (ißt) aß, gegessen
   to eat
2 das Essen, -  meal, food
3 etwa  about, approximately
1 etwas  something; some
2 etwas  a bit, a little
4 (das) Europa  Europe

6 das Fach, ⁻er  subject,
   line of work
4 fahren (ä), u, a (s/h)  to go
   (by car, train, etc.); drive,
   ride
6 die Fahrt, -en  ride, trip,
   journey
4 der Fall, ⁻e  case; fall
2 fallen (ä), fiel, gefallen (s)
   to fall
2 falsch  false; wrong
3 die Familie, -n  family
2 fangen (ä), i, a  to catch
3 die Farbe, -n  color; paint (3)
(7) das Faß, die Fässer
   barrel, cask, keg
7 das Salzfaß  salt cellar,
   salt shaker
2 fast  almost, nearly
2 faul  lazy
Ü1 der Februar  February
4 die Feder, -n  pen; feather (5)
5 der Federball, ⁻e
   feather ball

Ü6 fegen  to sweep, clean
7 fehlen  to be lacking, missing;
   not be there
8 der Fehler, -  mistake, error
4 fein  fine
3 der Feind, -e  enemy
1 das Feld, -er  field
5 die Feldarbeit, -en
   work in the fields
2 das Fenster, -  window
2 das Fensterbrett, -er
   windowsill
4 die Ferien (pl.)  vacation
4 die Ferienreise, -n
   vacation trip
3 fern  far, distant
Ü5 das Fernsehen  television
1 fertig  ready, done, finished
3 fest  fast, firm, solid
3 fest-halten*  to hold fast
7 fest-stellen  to find out,
   notice
(2) das Fest, -e  festival, holiday
8 das Festmahl, -e
   feast, festive meal
2 die Festtafel, -n
   festively set table
2 der Festtag, -e  feast day
5 das Feuer, -  fire
Ü3 der Film, -e  film, movie,
   picture
2 finden, a, u  to find
5 der Finger, -  finger
8 die Fingerspitze, -n
   fingertip
8 die Firma, die Firmen
   firm, company
5 der Fisch, -e  fish
8 die Flamme, -n  flame
1 die Flasche, -n  bottle
3 das Fleisch  meat
6 fleißig  diligent(ly), hard
8 flicken  to patch, mend, repair
2 fliegen, o, o (s/h)  to fly
1 fließen, floß, geflossen (s)
   to flow
5 fließend  fluent(ly)
4 das Flugzeug, -e  (air)plane

6 flüstern to whisper
2 folgen (s) to follow
8 fordern to demand, ask
5 fördern to promote, advance, further
5 die Forelle, -n trout
3 fort away, off, gone; on, farther
8 fort-gehen* to go away
5 die Frage, -n question
2 fragen to ask, question
4 (das) Frankreich France
4 französisch French
1 die Frau, -en wife; woman; Mrs., Ms.
5 das Fräulein, - young lady, woman; unmarried woman; Miss, Ms.
4 frei free; vacant, unoccupied
7 frei-lassen* to set free, let go
6 die Freiheit, -en freedom, liberty
6 der Freitag, -e Friday
  fremd strange, unknown, foreign
6 der Fremde, -n, -n (adj. decl.) stranger
3 fressen (frißt), fraß, gefressen to eat (of an animal, or like one)
2 die Freude, -n joy, pleasure, delight
4 sich freuen auf + acc. to look forward to
1 der Freund, -e friend
1 freundlich friendly
6 der Friede(n), -(n)s, -(n) peace
1 frisch fresh
2 froh glad, happy
2 fromm (frommer or frömmer) pious, religious
1 früh early
2 früher earlier; former(ly)
4 das Frühjahr, -e spring
1 das Frühstück, -e breakfast

3 der Fuchs, -e fox
4 fühlen to feel
1 führen to lead, guide, take
7 füllen to fill
8 der Füller, - (fountain) pen
1 fünf five
5 fünft- fifth
2 fünfzehn fifteen
4 fünfzig fifty
6 das Fünfzigpfennigstück, -e fifty-pfennig piece
1 für for
3 fürchten to fear
1 der Fuß, -e foot
Ü4 der Fußball, -e football (ball), soccer (game)
7 der Fußboden, - floor
5 füttern to feed (animals, babies)

8 die Gabel, -n fork
3 die Gans, -e goose
3 der Gänsestall, -e goose pen
1 ganz (adj.) entire, whole
1 ganz (adv.) very, quite
5 gar nicht not at all
1 der Garten, - garden
8 das Gas, -e gas
8 der Gasherd, -e gas range
8 der Gasofen, - gas stove
8 die Gasrechnung, -en gas bill
3 der Gast, -e guest
3 das Gasthaus, -er inn
3 der Gastwirt, -e innkeeper
7 das Gebäude, - building
2 geben (i), a, e to give
2 das Gebet, -e prayer
6 das Gebiet, -e area
5 gebildet educated, cultured
4 gebrauchen to use
2 der Geburtstag, -e birthday
3 der Gedanke, -ns, -n thought
3 die Gefahr, -en danger, risk
8 gefahrlos without danger

6 der Gefallen, - favor
2 gefallen (ä), gefiel, gefallen
  to please
6 der Gefangene, -n, -n
  (adj. decl.) prisoner
6 das Gefängnis, -ses, -se
  prison, jail
1 gegen against; toward(s);
  around, about
6 gegenüber opposite
  across the street (from),
  across from
8 die Gegend, -en area,
  section, neighborhood
4 der Gegenstand, ⁻e object,
  subject, article; item,
  thing (8)
4 der Gegenwert, -e
  countervalue,
  corresponding value,
  equivalent
1 gehen, ging, gegangen (s)
  to go, walk
3 geheim secret
3 gehören to belong, be part of
6 der Geist, -er mind, intellect;
  spirit; ghost
5 gelb yellow
2 das Geld, -er money
3 der Geldsack, ⁻e sack of
  money, moneybag
6 das Geldstück, -e coin
2 die Gelegenheit, -en
  opportunity, occasion
3 gelingen, a, u (s) to succeed,
  be successful
4 gelten (i), a, o to be valid,
  worth
7 gemein common
2 gemütlich cozy, comfortable
4 genau exact(ly), precise(ly),
  accurate(ly)
3 genießen, genoß, genossen
  to enjoy; eat, drink
1 genug enough, sufficient
6 genügen to be enough,
  sufficient

4 gerade just, just then;
  precisely
8 das Gericht, -e court
  (of justice)
2 gern(e) gladly
4 das Geschäft, -e business,
  store
4 der Geschäftsmann,
  die Geschäftsleute
  businessman
4 die Geschäftsreise, -n
  business trip
4 geschehen (ie), a, e (s)
  to happen
4 das Geschenk, -e present,
  gift
2 die Geschichte, -n story, tale
5 geschickt clever, skillful
5 die Gesellschaft, -en
  party; society, company (6)
1 das Gesicht, -er face
4 der Gesichtsausdruck, ⁻e
  facial expression
6 die Gesichtszüge (pl.)
  (facial) features
6 die Gestalt, -en figure, form,
  shape
5 gestatten to allow, permit
6 gestern yesterday
2 gesund (ü) healthy, in good
  health
3 die Gesundheit health
3 die Gewalt, -en power, force,
  violence
7 das Gewehr, -e gun, rifle
4 gewinnen, a, o to win, gain
4 gewiß certain(ly)
6 gewöhnlich usual(ly),
  ordinary, customary
5 gewohnt used; customary (8)
3 gießen, goß, gegossen
  to pour
3 das Gift, -e poison
3 glänzen to shine, glitter
2 das Glas, ⁻er glass
1 glauben to believe, think,
  suppose
3 gleich equal, same

| | | | | |
|---|---|---|---|---|
| 4 | gleich   right away, at once, immediately | | 1 | haben (hat), hatte, gehabt   to have |

4  gleich   right away, at once, immediately

6  gleichen, i, i   to be like

6  gleiten, glitt, geglitten (s) to glide, slide

8  das Glied, -er   member (of the body), limb

 (die Glocke, -n   bell)
3  das Glöcklein, -; das Glöckchen, - little bell (5)

3  das Glück   luck, good fortune; happiness

5  glücklich   lucky, happy, fortunate

3  das Gold   gold

3  das Goldstück, -e gold coin

2  (der) Gott   God, Lord der Gott, ̈er   god

3  das Grab, ̈er   grave

3  graben (ä), u, a   to dig

6  der Grad, -e   degree

Ü3  das Gramm, (-e)   gram

3  das Gras, ̈er   grass

3  grau   gray

7  greifen, griff, gegriffen to seize, reach

4  die Grenze, -n   border boundary, frontier; limit

1  groß (ö)   big, large, great, tall
Ü5  die Großmutter, ̈ grandmother

Ü5  der Großvater, ̈ grandfather

4  die Größe, -n   size

3  der Grund, ̈e   reason; ground

1  grüßen   to greet, salute

Ü6  der Gummi, -s   gum, eraser, rubber

1  gut   good; well

1  das Gut, ̈er   goods, merchandise; estate

3  das Haar, -e   hair

5  die Haarwurzel, -n hair root

1  haben (hat), hatte, gehabt to have

2  der Hahn, ̈e   rooster

1  halb   half

3  die Hälfte, -n   half

4  die Halle, -n   hall

3  der Hals, ̈e   neck

3  halten (ä), ie, a   to hold

6  halten für   to consider to be, take to be

2  der Hammer, ̈   hammer

1  die Hand, ̈e   hand

4  der Handschuh, -e   glove

8  das Handtuch, ̈er   towel

5  handeln   to bargain, haggle

3  hängen   to hang (transitive)

5  hängen, i, a   to hang (intransitive)

5  hart (ä)   hard

1  der Hase, -n, -n   hare, rabbit

5  der Haufen, -   heap, pile; lot, crowd

5  das Haupt, ̈er   head

8  die Hauptsache, -n main thing

7  die Hauptstadt, ̈e   capital

1  das Haus, ̈er   house

1  nach Haus(e)   home (going there)

2  zu Haus(e)   (at) home (being there)

1  die Hausarbeit, -en housework

Ü4  die Hausfrau, -en housewife

Ü4  der Haushalt, -e household

5  der Hausschuh, -e   slipper

7  die Haustür, -en house door

6  die Hauswand, ̈e house wall

7  die Haut, ̈e   hide, skin

5  heben, o, o   to lift, raise

5  der Hecht, -e   pike (fish)

6  das Heft, -e   notebook

5  heim-führen   to lead home

3  heiraten   to get married; marry

| | |
|---|---|
| 5 | heiß hot |
| 4 | heißen, ie, ei to mean; be called (ich heiße my name is) (7) |
| 4 | das heißt that is to say, i.e. |
| 3 | der Held, -en, -en hero |
| 1 | helfen (i), a, o to help |
| 1 | hell bright, clear, light |
| 6 | das Hemd, -en shirt |
| | her here (= hither) |
| 7 | herauf up |
| 7 | herauf-kommen* (s) to come up |
| | heraus out |
| 5 | heraus-kommen* (s) to come out |
| 4 | heraus-nehmen* to take out |
| 8 | der Herbst, -e autumn, fall |
| 5 | der Herd, -e range, stove, hearth |
| 5 | die Herde, -n herd, flock |
| | herein in |
| 8 | herein-bringen* to bring in |
| 8 | herein-kommen* (s) to come in |
| 6 | herein-lassen* to let in |
| Ü6 | der Hering, -e herring |
| 2 | der Herr, -n, -en master; gentleman, Mr. |
| 4 | der Herrenhandschuh, -e man's glove |
| 2 | die Herrin, -nen mistress, lady of the house |
| 2 | herrlich wonderful, splendid |
| | herum around |
| 5 | herum-schwimmen* (s) to swim around |
| 2 | herunter down |
| 7 | herunter-lassen* to let down |
| | hervor out, forward |
| 5 | hervor-kommen* (s) to come out |
| 2 | das Herz, -ens, -en heart |
| 2 | nach Herzenslust to one's heart's content |
| 1 | heute today |

| | |
|---|---|
| 7 | heute abend tonight |
| 8 | heute früh this morning |
| 1 | heute morgen this morning |
| 6 | heute nachmittag this afternoon |
| 3 | heute nacht tonight |
| 5 | die Hexe, -n witch |
| 1 | hier here |
| 1 | der Himmel, - sky |
| 1 | hin there (= thither) |
| | hinauf up(ward) |
| 7 | hinauf-eilen to rush up, run up |
| | hinaus out |
| 3 | hinaus-eilen (s) to hurry out, run out |
| 3 | hinaus-schicken to send out |
| 5 | hinaus-treiben* to drive out |
| 4 | hindern to prevent, hinder |
| | hinein in(to) |
| 5 | hinein-blasen* to blow into |
| 5 | hinein-gehen* (s) to go into, enter |
| 4 | hinter behind |
| | hinüber over, across |
| 6 | hinüber-gehen* (s) to go over, cross |
| | hinunter down |
| 5 | hinunter-gehen* (s) to go down |
| 7 | hinunter-gleiten* (s) to slide down |
| 5 | hinunter-laufen* (s) to run down |
| 5 | hinunter-senden* to send down |
| 5 | der Hirt, -en, -en shepherd |
| 4 | hoch (höher, höchst) high, tall |
| 5 | hoch-heben* to lift, raise (high) |
| 5 | höchstens at (the) most |
| 5 | der Hof, -̈e court; courtyard, yard |

5 die Hofdame, -n
  lady-in-waiting
2 hoffen to hope
5 hoffentlich (*adv.*) I hope,
  let's hope, etc., hopefully
2 die Hoffnung, -en hope
1 höflich polite, courteous
2 hold lovely (elevated style)
1 holen to get, fetch, go and get
5 das Holz, ⁻er wood
1 hören to hear
5 die Hose, -n trousers, pants
8 die Hosentasche, -n
  pants pocket
3 hübsch pretty
  (das Huhn, ⁻er chicken)
5 das Hühnchen, - chicken
4 der Humor humor, sense of
  humor
2 der Hund, -e dog
8 das Hundeleben dog's life
1 hundert hundred
2 der Hunger hunger
2 hungrig hungry
3 hüpfen to hop, jump
6 husten to cough
5 der Hut, ⁻e hat

2 die Idee, -n idea
1 der Igel, - hedgehog
1 immer always
1 immer noch still
  in in; into; at; during; to; on
4 indem while . . . ing;
  by . . . ing
3 indes, indessen meanwhile;
  yet, however
Ü5 die Industrie, -n industry
Ü5 der Ingenieur, -e engineer
8 der Inhalt, -e contents
6 innen (on the) inside
8 innerhalb ( + *gen.*) within
5 das Instrument, -e
  instrument
2 intelligent intelligent

4 interessant interesting
6 interessieren to interest
5 irgend ein; irgendein
  some, any; any(one)
7 irgend etwas something
4 irgendwelch- any, some
6 irgendwie somehow
4 irgendwo somewhere
8 sich irren to be mistaken

4 ja indeed; yes; to be sure;
  in fact; but, however;
  after all
2 die Jacke, -n jacket, coat
2 das Jahr, -e year
8 jahrelang(-) for years
3 das Jahrhundert, -e
  century
Ü1 der Januar January
6 je ever, at any time
2 jeder, jede, jedes each,
  every; everybody, everyone
1 jedesmal every time
7 jedoch however
2 jemand somebody, someone
3 jener, jene, jenes that,
  that one; the former
1 jetzt now
2 die Jugend youth; young
  people
Ü1 der Juli July
2 jung (ü) young
Ü1 der Juni June

1 der Kaffee, -s coffee
5 der Kaiser, - emperor
5 kaiserlich imperial
Ü3 der Kakao cocoa
2 kalt (ä) cold
8 die Kälte cold
8 der Kamm, ⁻e comb
6 das Kapital capital (money)
5 der Karpfen, - carp
3 die Karte, -n card
1 die Kartoffel, -n potato

4 der Kassenschalter, -
   cashier's window
4 der Kasten, ⁻ box, chest,
   case
2 die Katze, -n cat
5 das Kätzchen, - kitten
2 kaufen to buy
4 das Kaufhaus, ⁻er
   department store
4 der Kaufmann,
   die Kaufleute
   businessman, merchant
5 kaum hardly, scarcely, barely
   kein no, not a, not any
6 der Kellner, - waiter
3 kennen, kannte, gekannt
   to know
6 kennen-lernen to get to
   know, meet
7 die Kerze, -n candle
Ü3 das Kilo(gramm) kilo(gram)
Ü3 der Kilometer, - kilometer
1 das Kind, -er child
5 klagen to complain, lament
6 klar clear
5 das Klavier, -e piano
5 kleben to paste, stick
5 das Kleid dress, gown
   die Kleider (pl.) clothes
8 der Kleiderschrank, ⁻e
   (freestanding) wardrobe
6 die Kleidung clothing
1 klein little, small
5 klingeln to ring (a bell);
   tinkle, jingle
5 klingen, a, u (intransitive)
   to sound, ring
3 klopfen to knock
5 der Knecht, -e farmhand
3 das Knie, - knee
8 der Knopf, ⁻e knob
5 kochen to cook, boil
4 der Koffer, - suitcase, trunk
4 der Kofferraum, ⁻e
   trunk (of a car)
7 der Kollege, -n, -n colleague
1 kommen, kam, gekommen (s)
   to come, get

4 kompliziert complicated
5 der König, -e king
5 das Königreich, -e
   kingdom
5 die Königstochter, ⁻
   princess
1 können (kann), konnte,
   gekonnt/können
   to be able, can
2 der Kopf, ⁻e head
7 der Körper, - body
4 kosten to cost
6 die Kosten (pl.)
   cost, costs, expenses
4 köstlich delicious, exquisite
2 krähen to crow
6 die Kreide, -n chalk
5 der Kreis, -e circle
7 kriechen, o, o (s) to crawl,
   creep
4 der Krieg, -e war
3 kriegen to get, receive
5 die Krone, -n crown
1 krumm (ü) crooked, bent
6 die Küche, -n kitchen
7 der Küchenschrank, ⁻e
   kitchen closet
8 die Küchentür, -en
   kitchen door
5 der Kuchen, - cake
8 kühl cool
8 der Kühlschrank, ⁻e
   refrigerator, icebox
6 der Kunde, -n, -n customer
5 die Kunst, ⁻e art
5 künstlich artificial
5 kunstvoll artistic
4 der Kurs, -e rate of exchange
8 der Kursus, die Kurse
   course (academic); class
1 kurz (ü) short(ly), brief(ly);
   curt(ly)
5 der Kuß, die Küsse kiss
3 küssen to kiss

4 lächeln to smile
1 lachen to laugh

7 laden (lädt), lud, geladen
 to load
8 die Lage, -n position;
 location, situation
8 die Lampe, -n lamp, light
3 das Land, ⁻er country, land
3 die Landstraße, -n
 country road, highway
1 lang (ä) long
7 lang(e) (*adv.*) a long time,
 for a long time
8 längst (*adv.*) some time
 ago, long ago
1 langsam slow
2 langweilig boring, dull
8 der Lappen, - rag, piece of
 cloth
2 der Lärm noise
1 lassen (läßt), ließ, gelassen
 to let; leave; have, cause,
 make someone do
 something
1 laufen (äu), ie, au (s) to run
1 laut loud
8 läuten to ring
4 lauter all sorts of . . .,
 nothing but . . .
2 das Leben, - life
2 leben to live
2 leb wohl farewell
5 lebendig alive, live, lively
4 leer empty
2 legen to lay, put, place
 (horizontally)
6 der Lehrer, - teacher
7 der Lehrling, -e
 apprentice
3 der Leib, -er body
7 die Leiche, -n corpse
3 der Leichenwagen, -
 hearse
2 leicht easy, light, slight
Ü6 die Leichtathletik
 track and field
1 leider unfortunately, alas
2 leise soft(ly), low, gentle,
 gently
6 sich leisten to afford

6 lernen to learn
6 lesen (ie), a, e to read
2 letzt- last
3 die Leute (*pl.*) people
2 das Licht, -er light
5 lieb dear
2 lieber rather (preference)
3 die Liebe love
6 lieben to love
2 das Lied, -er song
5 das Liedchen, - ditty
2 liegen, a, e (h/s) to lie,
 be lying; be located,
 situated
Ü6 der Likör, -e liqueur, cordial
Ü3 die Limonade, -n lemonade
Ü6 das Lineal, -e ruler
4 link- left
1 links on the left of, to the
 left of
6 die Lippe, -n lip
4 die Liste, -n list
8 der/das Liter, - liter
1 das Loch, ⁻er hole
8 der Löffel, - spoon
8 lohnen to be worth(while)
 -los -less
 los *idea of:* go, go to, away,
 fire off, etc.
8 los-werden* to get rid of
3 lösen to solve
5 die Luft, ⁻e air
4 lügen to (tell a) lie
2 die Lust joy, delight,
 pleasure
2 Lust haben to feel like
5 lustig merry, gay, funny

1 machen to do, make
3 das Mädchen, - girl
(8) das Mahl, ⁻er or -e meal,
 repast, feast
Ü1 der Mai May
 (das Mal, -e
 time [occurrence])
1 -mal time(s)

2 man one; you, we, they,
 people
 mancher, manche, manches
 many a
1 manche (*pl.*) some (*pl.*)
4 manchmal sometimes
6 die Manieren (*pl.*) manners
1 der Mann, -er man; husband
5 der Mantel, - overcoat
4 die Mappe, -n folder;
 briefcase
1 die Mark, - mark (German
 currency)
7 der Markt, -e market
7 der Marktplatz, -e
 marketplace
7 die Marktpolizei
 market police
Ü1 der März March
Ü3 die Maschine, -n machine
Ü3 das Material,
 die Materialien material
5 die Mauer, -n wall
2 das Maul, -er mouth
 (especially of animals)
2 die Mause, -e mouse
Ü5 der Mechaniker, - mechanic
7 das Meer, -e sea, ocean
7 das Mehl flour, meal
1 mehr more
6 mehrere several
3 meinen to mean, say, think
6 die Meinung, -en opinion
4 meist- most
7 der Meister, - master
2 melancholisch melancholy
4 die Menge, -n crowd;
 amount, lot, quantity
2 der Mensch, -en, -en man,
 person, human being
5 die Menschenmenge, -n
 crowd of people
6 menschlich human
5 merken to notice
3 das Messer, - knife
Ü2 das Metall, -e metal
Ü3 das/der Meter, - meter

7 der Metzger, - butcher
4 (das) Mexiko Mexico
2 miauen to meow
2 die Milch milk
8 der Milchmann, -er
 milkman
7 der Minister, - minister
 (government)
7 die Minute, -n minute
3 mischen to shuffle (cards);
 to mix, mingle
 mit with; by; at
8 mit-bringen* to bring
 along, take along
6 mit-nehmen* to take along
4 der Mittag, -e noon, midday
3 das Mittagessen, - lunch
4 zu Mittag essen
 to have lunch
1 die Mitte, -n middle, center
7 das Mittel, - means
2 mitten in the middle of
4 die Mitternacht, -e midnight
2 modern modern
2 mögen (mag), mochte,
 gemocht/mögen
 to like to; care to
1 möglich possible
8 möglichst as (far, large,
 soon, etc.) as possible
6 die Möglichkeit, -en
 possibility
4 der Monat, -e month
7 der Mond moon
8 der Montag, -e Monday
6 der Mord, -e murder
8 der Mörder, - murderer
2 morgen tomorrow
7 morgen früh tomorrow
 morning
1 der Morgen, - morning
3 die Morgensonne
 morning sun
8 die Morgenzeitung, -en
 morning (news)paper
Ü2 der Motor, -en motor, engine
6 das Motto, -s motto
1 müde tired

5 die Mühe, -n trouble, effort
8 mühelos effortless
2 die Mühle, -n mill
2 der Müller, - miller
2 der Mund, ⁻er mouth
2 die Musik music
2 musikalisch musical
2 der Musiker, - musician
Ü3 der Muskel, -n muscle
1 müssen (muß), mußte,
gemußt/müssen
to have to, must
5 der Mut courage
3 die Mutter, ⁻ mother
6 die Mütze, -n cap

6 na well
nach to; after; according to;
by; past; later; to the; for;
in; like; toward the
1 der Nachbar, -s/-n, -n
neighbor
7 nachdem (conj.) after
4 nachher (adv.) after,
afterward(s), after that
3 der Nachmittag, -e
afternoon
5 nachmittags in the
afternoon
7 die Nachricht, -en news
3 nächst- nearest, next
2 die Nacht, ⁻e night
5 die Nachtigall, -en
nightingale
3 nah(e) (ä) near, close
5 die Nähe proximity,
vicinity
5 der Name, -ns, -n name
8 nämlich (as) you (may)
know, namely, that is to say,
you see
3 der Narr, -en, -en fool
2 die Nase, -n nose
5 naß (nässer) wet
2 die Natur, -en nature
1 natürlich natural(ly)

8 der Nebel, - fog, mist
2 neben next to; besides,
in addition
1 nehmen (nimmt), nahm,
genommen to take
2 nein no
4 nennen, nannte, genannt
to name, call
6 nervös nervous
4 nett nice
das Netz, -e net
2 neu new
1 neun nine
1 nicht not
1 nichts nothing,
not . . . anything
7 nicken to nod
1 nie(mals) never
(3) nieder down
3 nieder-fallen* (s)
to fall down
3 niedrig low
2 niemand nobody, no one,
not . . . anybody
1 noch still; else; more,
in addition
3 noch ein one more; another
1 noch einmal once more
1 noch immer still
2 noch nicht not yet
7 der Norden north
Ü2 normal normal
3 die Not, ⁻e need; misery
4 notwendig necessary
Ü1 der November November
6 die Nummer, -n number
1 nun well; now
1 nur only; just
(3) die Nuß, die Nüsse nut
3 der Nußbaum, ⁻e
(wal)nut tree
7 nützlich useful(ly)

4 ob whether; if
5 oben upstairs; up, on top,
at the top

8 ober- upper
7 das Obst fruit
6 obwohl although, though
1 oder or
2 der Ofen, : stove, range, oven
2 offen open
4 öffentlich public(ly)
4 öffnen to open
4 oft (ö) often, frequently
1 ohne without
5 das Ohr, -en ear
Ü1 der Oktober October
8 der (Omni)bus, -se bus
2 die Oper, -n opera
2 optimistisch optimistic
2 das Orchester, - orchestra
6 ordentlich tidy, decent; orderly
3 die Ordnung order
4 organisieren to organize
8 der Ort, -e place, spot; locality

4 das Paar, -e pair
4 ein paar a few, some
Ü3 das Paket, -e package
5 der Papa, -s papa, daddy
4 das Papier, -e paper
5 der Park, -s park
7 der Partner, - partner
4 der Paß, die Pässe passport
6 passieren (s) to happen
4 die Pause, -n pause; break; intermission; recess
6 die Person, -en person; (pl.) persons, people
(6) die Pfanne, -n pan
1 die Pfeife, -n pipe; whistle (5)
5 pfeifen, pfiff, gepfiffen to whistle
6 der Pfennig, -e pfennig
6 das Pferd, -e horse
6 das Pferderennen, - horse race

5 pflegen to be used to, be in the habit of
5 die Pflicht, -en duty, obligation
5 pflücken to pick, pluck
5 pfui! pfui, fie, pooh, for shame
7 das Pfund, (-e) pound
(8) der Pinsel, - brush, paintbrush
3 der Plan, :e plan
6 der Platz, :e seat; place, square (7); space
3 plötzlich sudden(ly)
4 die Polizei police
4 der Polizist, -en, -en policeman
5 die Polka, -s polka
4 der Preis, -e price; prize
4 die Preisliste, -n price list
5 der Prinz, -en, -en prince
5 die Prinzessin, -nen princess
Ü2 privat private(ly)
8 pro per
3 das Problem, -e problem
4 der Profit, -e profit
Ü2 das Programm, -e program
4 das Prozent, -e percent
4 prüfen to examine, check
2 das Publikum public
Ü3 der Pullover, - pullover
8 das Pult, -e desk (with sloping top)
Ü2 pünktlich punctually

4 die Qualität, -en quality
6 quer across, at an angle
4 die Quittung, -en receipt (for a paid bill)

Ü6 der Radiergummi, -s eraser
1 die Rakete, -n rocket
8 der Rasierapparat, -e (safety) razor

8 der Rasierpinsel, - shaving brush
3 der Rat, die Ratschläge advice
7 raten (ä), ie, a to advise, counsel; guess
2 der Räuber, - robber
1 rauchen to smoke
(4) der Raum, ̈e room, space
4 rechnen to figure, do arithmetic
4 das Rechnen arithmetic
4 die Rechnung, -en bill, invoice
1 recht right; quite
3 recht haben to be right
4 das Recht, -e right
1 rechts to the right
6 reden to talk, speak
5 der Regen, - rain
8 der Regenschirm, -e umbrella
(7) die Regierung, -en government
7 der Regierungsbeamte, -n, -n (adj. decl.) government official
1 reiben, ie, ie to rub
2 reich rich
3 das Reich, -e realm; empire, kingdom
6 reichen to pass, hand to; reach
4 der Reifen, - tire
2 rein clean, pure
4 die Reise, -n trip, travel
4 reisen (s) to travel, go
5 reißen, riß, gerissen to tear, rip
1 rennen, rannte, gerannt (s) to run
6 das Rennen, - race
6 der Rennplatz, ̈e racecourse
Ü2 die Republik, -en republic
6 der Respekt respect
5 der Rest, -e rest, remainder; remnant

7 retten to save, rescue
6 der Richter, - judge
2 richtig real; right, correct (3)
2 riechen, o, o to smell
8 der Ring, -e ring
5 der Rock, ̈e jacket; skirt
5 roh rude, crude; raw
8 die Rolle, -n role; roll
6 rollen to roll
5 die Rose, -n rose
5 der Rosenbusch, ̈e rosebush
4 rot red
2 der Rücken, - back
1 rufen, ie, u to call
1 die Ruhe rest; calm, quiet
3 ruhelos restless
8 ruhig quiet, calm, still
2 rund round

2 die Sache, -n thing; affair; matter
2 der Sack, ̈e sack, bag
1 sagen to say, tell
6 sägen to saw
3 die Salbe, -n ointment, salve
(7) das Salz salt
7 das Salzfaß, die Salzfässer salt shaker, salt cellar
8 der Samstag, -e Saturday
6 der Satz, ̈e sentence
5 sauber clean
4 sauer sour
8 schäbig shabby
8 die Schachtel, -n box; carton
3 schade too bad, (that's) a pity
8 schaffen (weak verb) to manage, accomplish, do
6 schälen to peel
4 der Schalter, - (information, cashier's) window
2 sich schämen to be ashamed
3 scharf (ä) sharp
(5) der Scharlach scarlet; scarlet fever

5 scharlachrot  scarlet red
3 der Schatz, ¨e  treasure
7 das Schatzhaus, ¨er
    treasury
1 der Scheck, -s  check
1 das Scheckbuch, ¨er
    checkbook
1 scheinen, ie, ie  to shine;
    seem, appear to be
8 die Schere, -n  (pair of)
    scissors
1 schicken  to send
8 schieben, o, o  to push, slide,
    shove
5 schief  crooked(ly), at an angle
7 schießen, schoß, geschossen
    to shoot
5 der Schinken, -  ham
Ü6 schlachten  to slaughter
6 der Schlaf  sleep
8 das Schlafmittel, -
    sleeping potion,
    sleeping pill
5  der Schlafrock, ¨e
    dressing gown
7 das Schlafzimmer, -
    bedroom
2 schlafen (ä), ie, a  to sleep
2 schlagen (ä), u, a  to beat,
    hit, strike
(7) die Schlange, -n  snake
7 Schlange stehen
    to stand in line
4 schlau  clever, cunning,
    sly, crafty
1 schlecht  bad; wicked; poor
7 schleichen, i, i (s)  to sneak,
    creep; prowl
4 schließen, schloß,
    geschlossen  to close,
    shut, lock; conclude (8)
5 schließlich  finally; after all
3 schlimm  bad; wicked
5 das Schloß, die Schlösser
    castle; lock
5  der Schloßhof, ¨e
    castle courtyard
5  der Schloßpark, -s
    park of the castle

6 schlucken  to swallow
2 der Schlüssel, -  key
2 das Schlüsselloch, ¨er
    keyhole
8 schmecken  to taste
5 der Schmerz, -en  pain;
    sorrow, grief
3 schmerzen  to hurt; ache
2 der Schmied, -e  (black)smith
5 (sich) schminken  to put on
    makeup
5 schmutzig  dirty
1 der Schnaps, ¨e  (hard)
    liquor, schnapps
7 schneiden, schnitt,
    geschnitten  to cut
1 schnell  fast, quick(ly)
8 der Schnupfen, -  (head) cold
7 die Schnur, ¨e  string, cord
1 schon  already; all right;
    yet, even
1 schön  beautiful, nice;
    handsome
5 die Schönheit, -en  beauty
(7) der Schrank, ¨e
    (freestanding) closet,
    wardrobe
7 der Schreck(en), -(en)s, -(en)
    fright, scare
2 schrecklich  terrible
4 schreiben, ie, ie  to write
8 die Schreibmaschine, -n
    typewriter
8 der Schreibtisch, -e  desk
1 schreien, ie, ie  to shout,
    scream
1 der Schritt, -e  step
8 die Schublade, -n  drawer
1 der Schuh, -e  shoe
8 die Schuld  fault, blame; guilt
8 die Schuld, -en  debt
5 die Schulter, -n  shoulder
2 die Schüssel, -n  dish, bowl
3 schütteln  to shake
2 schwach (ä)  weak
8 der Schwamm, ¨e  sponge
2 schwarz (ä)  black
5 schweigen, ie, ie  to be silent

2 das Schwein, -e  pig, swine,
   hog
5 das Schweinefleisch  pork
5 die Schweineherde, -n
   herd of swine
5 der Schweinehirt, -en, -en
   swineherd
5 der Schweinestall, -̈e
   pigsty
6 der Schweiß  sweat,
   perspiration
1 schwer  hard (adv.); heavy;
   difficult
3 die Schwester, -n  sister
7 schwierig  difficult
5 schwimmen, a, o (s/h)
   to swim
6 der Schwindler, -  swindler
4 schwitzen  to perspire
1 sechs  six
4   sechzig  sixty
5 der See, -n  lake
6 die Seele, -n  soul
1 sehen (ie), a, e  to see, look
2 sehr  very, much, very much
8 die Seife, -n  soap
1 sein (ist), war, gewesen (s)
   to be
3 seit  since; for
3   seit langem  for a long time
3 die Seite, -n  side; page
6   die Seitenstraße, -n
   side street
1 selber, selbst  -self, -selves
4 selbst ( + noun or pronoun)
   even
5   selbst wenn  even though,
   even if
8   der Selbstmord, -e  suicide
5 selten  seldom; rare
4 senden, sandte, gesandt
   to send
Ü1 der September  September
2 die Serenade, -n  serenade
8 der Sessel, -  armchair, chair
5 setzen  to put, set
2   sich setzen  to sit down

3 sicher  certain(ly); sure;
   safe, secure
1 sieben  seven
3 das Silber  silver
3   das Silberstück, -e
   silver coin
7 silbern  (made) of silver
2 singen, a, u  to sing
6 sinken, a, u (s)  to sink
3 der Sinn, -e  mind; sense,
   meaning
2 die Situation, -en  situation
1 sitzen, saß, gesessen (h/s)
   to sit
6 der Sitz, -e  seat
6   der Sitzplatz, -̈e  seat
5 so  so, thus; therefore; like
   that; that way; such; sort of
3 sobald  as soon as
8 die Socke, -n  sock
Ü2 das Sofa, -s  sofa
1 sofort  right away,
   immediately, at once
4 sogar  even
3 sogleich  right away, at once
3 der Sohn, -̈e  son
6 solange  so long as
2 solch  such
4 der Soldat, -en, -en  soldier
1 sollen (soll), sollte,
   gesollt/sollen  to be
   supposed to, shall, should,
   ought to, etc.
1 der Sommer, -  summer
1 sondern  but; on the contrary
6 der Sonnabend, -e  Saturday
1 die Sonne  sun
1 der Sonntag, -e  Sunday
1   der Sonntagmorgen
   Sunday morning
8 sonst  otherwise; or else
3 die Sorge, -n  worry
3 sich sorgen  to worry
2 soviel (conj.)  as far as
8 soweit  as far as
7 sowieso  anyway, anyhow

4  die Spannung, -en
   suspense, anticipation
8  sparen  to save (money)
4  der Spaß, ⁻e  fun, joke;
   enjoyment, good time
2  spät  late
5  spazieren-gehen* (s)  to take
   a walk, go for a walk
1  der Spaziergang, ⁻e
   walk, stroll
4  das Spezialgeschäft, -e
   specialty shop
6  der Spezialist, -en, -en
   specialist
2  spielen  to play
3  spitz  pointed
2  die Spitze, -n  head;
   point, tip
8  sprachlos  speechless
3  sprechen (i), a, o  to speak,
   talk
2  springen, a, u (s)  to jump,
   leap
8  spülen  to rinse
4  der Staat, -en  state,
   government
2  die Stadt, ⁻e  city, town
6  das Stadtgefängnis, -se
   city jail
3  der Stahl  steel
3  der Stall, ⁻e  stable, pen
3  stark (ä)  strong; heavy, bad;
   hard
6  starren  to stare
3  statt ( + gen.)  instead of
4  statt-finden*  to take place
3  stecken  to put, place; stick
1  stehen, stand, gestanden
   (h/s)  to stand, to be
1  stehen-bleiben* (s)
   to stop; remain standing
2  stehlen (ie), a, o  to steal
8  das Stehpult, -e  high
   standing desk
1  steigen, ie, ie (s)  to climb,
   rise, go, walk
1  der Stein, -e  stone

5  die Stelle, -n  job; place,
   position, spot
5  stellen  to put, place
   (vertically)
8  die Stellung, -en  position;
   job
8  der Stempel, -  (rubber) stamp
2  sterben (i), a, o (s)  to die
2  der Stern, -e  star
3  still  quiet, calm, silent
2  die Stimme, -n  voice
4  stimmen  to be right, correct
6  die Stirn(e), -(e)n  forehead
3  der Stock, ⁻e  cane, stick
7  stolz  proud
8  stopfen  to darn
3  stoßen (ö), ie, o  to push,
   thrust, shove
3  die Strafe, -n  punishment,
   penalty, fine
2  die Straße, -n  street, road
6  die Straßenbahn, -en
   streetcar
5  strecken  to stretch
5  streichen, i, i  to spread;
   stroke
8  das Streichholz, ⁻er  match
8  die Streichholzschachtel,
   -n  matchbox
7  streiten, stritt, gestritten
   to fight, quarrel
7  das Stroh  straw
5  der Strohhaufen, -
   pile of straw
7  der Strohmann, ⁻er
   man of straw
5  der Strom, ⁻e  stream;
   (large) river; current
8  der Strumpf, ⁻e  stocking
3  das Stück, -e  piece;
   (stage) play
8  stückweise  one by one,
   piecemeal
6  studieren  to study
6  das Studium, die Studien
   study
6  der Stuhl, ⁻e  chair

8 stumm silent
1 die Stunde, -n hour
8 stürzen to fall, plunge, rush
3 suchen to look for, seek, search
4 die Summe, -n sum, amount
2 die Suppe, -n soup
4 süß sweet
(2) die Symphonie, -n
2 das Symphonieorchester, - symphony orchestra
4 das System, -e system
4 die Szene, -n scene

(2) der Tabak tobacco
2 die Tabakspfeife, -n tobacco pipe
(8) die Tablette, -n tablet
(2) die Tafel, -n (large, long) table; (black)board
1 der Tag, -e day
4 der Tageskurs, -e current exchange rate
2 das Tal, -er valley
3 tanzen to dance
3 die Tasche, -n pocket
7 die Taschenuhr, -en pocket watch
1 die Tasse, -n cup
5 tätig active
3 der Tau dew
6 taub deaf
2 tausend thousand
6 das Taxi, -s taxi, cab
Ü2 technisch technical
6 der Tee, -s tea
8 der Teelöffel, - teaspoon
3 der Teil, -e part, share
3 teilen to divide, share
6 das Telefon, -e telephone
6 die Telefonnummer, -n telephone number
Ü2 das Telegramm, -e telegram
7 der Teller, - plate
2 der Teppich, -e carpet, rug
4 teuer expensive; dear

2 der Teufel, - devil
Ü3 das Theater, - theater
5 tief deep
4 die Tinte, -n ink
2 der Tisch, -e table
3 die Tochter, - daughter
2 der Tod death, Death
8 todmüde dead tired
Ü5 die Toilette, -n toilet, lavatory
3 der Ton, -e sound, tone
5 der Topf, -e pot
5 das Tor, -e gate, (large) door
2 tot dead
3 der Tote, -n, -n (adj. decl.) dead man
3 töten to kill
2 tot-schlagen* to beat to death
2 tragen (ä), u, a to carry; wear
Ü3 der Traktor, -en tractor
2 die Träne, -n tear
5 trauen to trust
6 trauern to mourn, grieve
2 träumen to dream
2 traurig sad
3 treffen (trifft), traf, getroffen to meet, encounter
2 treiben, ie, ie to drive
7 die Treppe, -n (flight of) stairs
5 treten (tritt), trat, getreten (s/h) to step; kick
4 der Trick, -s trick
1 trinken, a, u to drink
6 trocken dry
6 trocknen to dry
2 die Trommel, -n drum (instrument)
2 die Trompete, -n trumpet
2 der Trompeter, - trumpeter
6 trösten to console, comfort
3 trotz (+ gen.) in spite of, despite
1 trotzdem in spite of it, anyway, anyhow

(7) das Tuch, ⁻er (piece of) cloth,
    shawl, scarf
Ü6 die Tulpe, -n tulip
1 tun, tat, getan to do, put
1 die Tür, -en door
Ü6 turnen to do gymnastics,
    work out in the gym

    über about; over; across; by
    way of; via; during; above
4 überall everywhere; all over
4 überhaupt at all; altogether;
    in general; really; specially
5 überraschen to surprise
4 die Überraschung, -en
    surprise
5 übrig left (over)
8 übrigens by the way, besides
5 das Ufer, - bank, shore
6 die Uhr, -en o'clock;
    watch (7)
    um around; at; by; about; up;
    over
    um ... herum around
    um ... zu (in order) to
8 sich um-blicken to look
    around
3 um-bringen* to kill
7 umgeben, a, e to surround
6 sich um-wenden*
    to turn around
6 unbekannt unknown
8 unbezahlt unpaid
    und and
4 und so weiter (usw.)
    and so on
1 unfreundlich unfriendly
6 ungebildet uneducated
5 die Ungerechtigkeit, -en
    injustice
5 unglücklich unhappy,
    unfortunate
1 unhöflich impolite
4 unmöglich impossible
8 unordentlich disorderly,
    untidy
5 der Unsinn nonsense

5 unter below, downstairs,
    down
2 unter under; among; by;
    underneath; below
4 unterrichten to instruct,
    inform; teach
8 unterschlagen (ä), u, a
    to embezzle
8 untersuchen to examine,
    investigate
8 der Unterschied, -e
    difference
8 die Unterwäsche underwear
1 unterwegs on the way,
    on the go

3 der Vater, ⁻ father
8 die Verbindung, -en
    connection
2 verdienen to earn; deserve
1 vergessen (i), vergaß,
    vergessen to forget
4 das Vergnügen, - pleasure,
    fun, enjoyment
4 die Verhältnisse (pl.)
    conditions, circumstances
5 sich verheiraten to get married
4 der Verkauf, ⁻e sale
4   verkaufen to sell
4   der Verkäufer, -
    salesman, sales clerk
4   der Verkaufstag, -e
    day of sale
(4) der Verkehr traffic
4   der Verkehrspolizist, -en,
    -en traffic policeman
2 verlangen to demand
2 verlassen (verläßt), verließ,
    verlassen to leave,
    abandon, desert
3 verletzen to injure, hurt
4 verlieren, o, o to lose
6 das Vermögen, - fortune
4 verschieden different
6 verschwinden, a, u
    to disappear
1 versprechen (i), a, o
    to promise

4 verstecken to hide
3 verstehen, verstand, verstanden to understand
4 versuchen to try, attempt
7 verzeihen, ie, ie to forgive, pardon
4 verzollen to declare (at customs), to pay customs duty
1 viel, viele much, a lot, many
1 vielleicht perhaps
1 vier four
3 vierzehn fourteen
5 vierzig forty
5 der Vogel, ⁻ bird
7 das Volk, ⁻er people; folk; nation
7 die Volksmenge, -n crowd (of people)
1 voll full
8 vollständig complete(ly), entire(ly)
von of; about; from; by
4 voneinander from each other; from one another
vor before; in front of; outside
5 vor + *time* . . . ago
8 vor-kommen* (s) to happen, occur
8 vor-schlagen* to propose, suggest
5 vor-stellen to introduce
7 sich vor-stellen to introduce oneself; imagine
8 vor-ziehen* to prefer
(4) voraus ahead of time, in advance; ahead
4 im voraus in advance
7 voraus-gehen* (s) to go ahead, walk ahead
vorbei past
5 vorbei-gehen* (s) to go past, walk past
4 vorher (*adv.*) before, beforehand, previously
8 vorig last, past; former, previous

8 der Vorteil, -e advantage
6 vorüber past, over
1 vorwärts forward

1 wachsen (ä), u, a (s) to grow
3 der Wagen, - carriage; wagon, coach, car, auto
5 wagen to dare, risk
4 wählen to choose, select
3 wahr true
4 die Wahrheit, -en truth
5 wahrscheinlich probable, probably
3 während while (*conj.*); during (+ *gen.*) (6)
2 der Wald, ⁻er woods, forest
5 der Walzer, - waltz
6 die Wand, ⁻e wall
3 wandern (s) to go, hike, go hiking, wander
1 wann when
4 die Ware, -n merchandise, goods; ware
2 warm (ä) warm
3 warten to wait
1 -wärts -ward (vorwärts, rückwärts)
1 warum why
1 was what; that; which
8 was = etwas something
3 was für ein what a . . ., what . . .
1 waschen (ä), u, a to wash
8 der Waschlappen, - washcloth
5 das Wasser water
5 die Watte, -n (absorbent) cotton
2 wecken to wake (up), awaken
8 der Wecker, - alarm clock
1 weder . . . noch neither . . . nor
2 der Weg, -e way, road, path
2 weg away; gone
2 weg-gehen* (s) to go away, walk away, leave

| | |
|---|---|
| 7 | weg-stehlen* to steal (away) from |
| 8 | weg-werfen* to throw away |
| 2 | wegen (+ *gen.*) because of, on account of |
| 2 | das Weib, -er woman; wife; *contemptuously:* woman, old hag |
| 2 | weich soft |
| 2 | weil because |
| 2 | die Weile while, short time |
| 1 | der Wein, -e wine |
| 2 | die Weinflasche, -n wine bottle |
| 5 | weinen to cry, weep |
| 3 | die Weise, -n way, manner |
| 3 | weise wise |
| 2 | weiß white |
| 2 | weit far, distant; wide |
| 5 | weiter farther, further |
| 4 | weiter-fahren* (s) to drive on, continue to drive, go |
| 2 | weiter-gehen* (s) to go on |
| 6 | weiter-lesen* to read on, to continue to read |
| 8 | weiter-suchen to continue to search, to keep on looking |
| 3 | weiter-trinken* to continue to drink |
| 3 | weiter-wandern (s) to continue on one's way |
| 4 | welch(er, -e, -es) who, which, what, that |
| 2 | die Welt, -en world |
| 5 | wenden, wandte/wendete, gewandt/gewendet to turn |
| 3 | wenig little |
| | wenige few |
| | weniger less, fewer |
| 1 | wenigstens at least |
| 1 | wenn if, when |
| 2 | wer who; he who, whoever (3) |
| 3 | werden (wird), wurde, geworden (s) to become, get; *future tense:* shall, will |
| 5 | werfen (i), a, o to throw |
| 8 | das Werk, -e work |

| | |
|---|---|
| 4 | wert worth |
| 4 | der Wert, -e value, worth |
| 4 | der Wertgegenstand, ⸚e valuable object |
| 6 | das Wesen nature, manner |
| (6) | die Weste, -n vest, waistcoat |
| 6 | die Westentasche, -n vest pocket |
| 6 | die Wette, -n wager, bet |
| 1 | wetten to bet |
| 1 | das Wetter, - weather |
| 8 | der Whisky whiskey |
| 4 | wichtig important |
| 1 | wie as, how |
| 4 | wieviel, wie viele how much, how many |
| 1 | wieder again |
| 3 | wieder einmal once again, once more |
| 4 | wiederholen to repeat |
| 5 | wieder-kommen* (s) to return, come back |
| 6 | auf Wiedersehen see you, goodby(e), farewell |
| 3 | wiegen, o, o to weigh |
| 3 | wild wild |
| 1 | der Wille, -ns (*gen.*) will |
| 1 | der Wind, -e wind |
| 8 | der Winter, - winter |
| 3 | wirken to work (= to have an effect) |
| 1 | wirklich real(ly), actual(ly) |
| 3 | der Wirt, -e innkeeper |
| 6 | die Wirtschaft, -en inn, tavern |
| 5 | wischen to wipe |
| 1 | wissen (weiß), wußte, gewußt to know |
| | wo where |
| 4 | woher from where |
| 1 | wohin where (to) |
| 1 | die Woche, -n week |
| 3 | wohl well |
| 2 | wohnen to live, reside, dwell |
| 5 | die Wohnung, -en apartment, flat |
| 2 | das Wohnzimmer, - living room |
| 7 | die Wolke, -n cloud |

1 wollen (will), wollte,
  gewollt/wollen
  to want (to)
5 das Wort, -e/-er word
6 das Wunder, - wonder;
  miracle
1 wunderbar wonderful
4 sich wundern to be amazed,
  surprised, astonished
2 der Wunsch, -e wish, desire
3 wünschen to wish, desire
5 die Wurzel, -n root

6 die Zahl, -en number
4 zahlen to pay
1 zählen to count
2 der Zahn, -e tooth
8 die Zahnbürste, -n toothbrush
8 die Zahnpasta, Zahnpaste
  toothpaste
(5) die Zehe, -n toe
5 auf den Zehenspitzen
  on tiptoe
1 zehn ten
8 Zehntausende tens of
  thousands
4 das Zeichen, - sign, signal
7 zeichnen to draw, sketch
1 zeigen to show
1 die Zeit, -en time
2 die Zeitung, -en newspaper
3 ziehen, zog, gezogen (h/s)
  to pull, draw; move (8)
6 das Ziel, -e aim, goal,
  destination
2 ziemlich rather, fairly, quite
4 die Zigarette, -n cigarette
4 die Zigarre, -n cigar
2 das Zimmer, - room
5 zittern to tremble
4 der Zoll, -e customs,
  customs duty; toll
4 das Zollamt, -er customs
  house, customs office
4 der Zollbeamte, -n, -n
  (adj. decl.) customs
  official
4 zollfrei duty-free

5 der Zorn anger, wrath, fury
zu to; at; too; for; in; on;
  closed; shut
7 der Zucker sugar
1 zuerst first, at first, first of all
5 der Zufall, -e chance,
  accident, coincidence
1 zufrieden satisfied, content,
  contented
3 der Zug, -e train; feature (6)
6 zugleich at the same time
3 zu-hören to listen
3 die Zukunft future
2 zu-machen to close, shut
4 zunächst first, first of all
8 die Zündflamme, -
  pilot light
1 zurück back
2 zurück-denken* to think back
4 zurück-fahren* (s)
  to drive back, go back,
  return
3 zurück-kehren (s)
  to return, come back
2 zurück-kommen* (s)
  to come back, go back,
4 zurück-lassen* to leave
  behind
5 zurück-laufen* (s)
  to run back
8 zurück-stecken to put back
8 zurück-stellen to put back
2 zusammen together
7 zusammen-bringen*
  to bring together
1 zwanzig twenty
1 zwar to be sure, (it's) true,
  indeed
4 der Zweck, -e purpose, aim,
  object
4 zwecklos useless, pointless
1 zwei two
3 zweit- second
6 zweitens secondly
6 der Zweifel, - doubt
2 der Zweig, -e branch, twig
8 zwingen, a, u to force, compel
2 zwischen between
1 zwölf twelve